房企破产相关法律问题

杨文珺 编著

上海科学技术文献出版社
Shanghai Scientific and Technological Literature Press

序

为杨文珺律师这本专著写序，我很高兴。房地产企业的破产整顿，也是我曾经关注的课题，在这个课题上我曾经有过许多无奈和烦恼。翻看这些文稿，我知道，杨文珺对这一课题交出了精彩的答卷。

杨文珺的律师执业，是从我身边起步，最早办的案件，房地产建筑工程纠纷居多，她非常努力，很快就有了很好的专业积累。后来她又一度加盟某知名房地产开发集团，担任法务，对房地产企业的运作有了更深入的了解。待到重回本行，她很快就成为房地产法律服务领域的翘楚。我见证了她 20 年来努力的过程。

从一定意义而言，这是一本法律领域跨界课题的论文集。由于破产案件办理法律程序上的要求，即便是房地产专业律师，也不一定有机会接触到破产案件。杨文珺具有办理破产案件的机缘和丰富经验，又是房地产专业律师，面对房地产企业破产整顿这些课题，在这两个领域专业服务的经验，就让她有了特殊的服务优势。

从书中这些文章的题目可以看出。论述的大都是律师在法律实务中所面对的问题。如："破产房企如何将清算转向重整""房地产企业破产中管理人行使合同解除权的限制初探""房地产开发企业破产程序中被拆迁人的权利保护"……我甚至认为，一些文章本身即可能脱胎于一篇全面的法律意见书。因此，这些文章的内容是鲜活的，充满了生命力，一定能带给同行有益的启发。

我们这一代的律师曾见证了中国房地产法律制度的不断成熟，也见证了中国企业破产、整顿等法律制度的设立到逐步完善。还记得30年前，我看到一些企业已被沉重的历史债务包袱压得喘不过气来，基本帐户也被法院查封。但这些企业求生不得，求死却也不能。虽然那时已有试行的《破产法》。但由于社会保障机制还没建立，任何企业想进入破产程序，实践中障碍颇多，甚至还需要服从行政计划安排。如今，相关的法律制度已基本完善。一些房企面对破产课题时，更多的是需要方法论和做好选择题，当然仍然还有正确解读相关法律和政策问题。因此，杨文珺这样的有专业理论素养又有实务经验的律师就大有可为了。

一个房地产企业的破产或整顿的法律选择，是一个非常综合的法律课题，也是比较新颖和疑难的法律课题。这需要我们专业人员不断进行相关的研究和探讨甚至是创新。我在办案时曾与杨文珺谈起我的一个服务理念：希望自己办的案子能做到“三满意”，即“法律满意、社会满意、当事人满意”。我认为一个建设性的周全的房企破产、整顿方案以及细致的实施是有可能做到“三满意”的。如此，每当我们结案并撰写这些专业文章时，我们的内心必定是愉悦的。

丁晓文*

2022年2月22日

* 丁晓文：高级律师，上海邦信阳中建中汇律师事务所创始合伙人、终身合伙人委员会成员，上海国际经济贸易仲裁委员会委员。

前言

破产重整是房地产企业破茧重生的唯一合法路径

2020年初暴发的新型冠状病毒肺炎疫情给全球经济造成巨大冲击。得益于有效的防疫措施，中国率先恢复正常的经济社会秩序，并实现持续的经济复苏。本轮经济复苏中，房地产投资发挥了重要作用，为稳定地方财产收入和宏观经济也提供了重要支撑。2020年，深圳、上海等一线城市的房价面临着新一轮的上涨压力。房地产仍延续此前的“高周转模式”，房地产持续景气对应了居民加杠杆的速度变得更快，个别区域的违规贷款问题突出。居民杠杆率从2019年底的56.1%增加到2020年底的62.2%，一年就增加了6.1%。因房地产价格上涨和居民杠杆率上升引发的担忧再度升级。在此背景下，房地产调控再度升级，主要体现为如下三点。一是2020年8月住房和城乡建设部、中国人民银行召集房企开会时提出了三个与财政指标直接挂钩的监管要求：（1）剔除预收款的资产负债率不得大于70%；（2）净负债率不得大于100%；（3）现金短债比不得小于1倍，即针对房地产企业的“三道红线”监管规则。监管部门将房企分成“红、橙、黄、绿”四档管理，三条规则都不满足的企业归为红档，当年有息负债不得增加。每满足一个条件，就增加一档，有息负债规模的增速上限增加5%，但即使是处于绿档位置的房企，有息负债年增幅也不得超过15%。二是2020年12月31日，中国人民银行、中国银行保险监督管理委员会发布了《关于建立银行业金融机构房地产贷款集中度管理制度的通知》，将银行业金融机构分为5档，并针对每一档银行设置了房地产贷款占比上限和个人住房贷款占比上限。即针对银行涉房贷款的“两道红线”监管规则。三是2021年10月23日，第十三届全国人民代表大会常务委员会第三十一次会议上，全国人大常委会通过了《关于授权国务院在部分地区开展房地产税改革试点工作的决定（草案）》，标志着为全面推进共同富裕，房地产税试点工作即将启动。因此，2021年，我们看到在针对房地产企业的“三道红线”和针对银行的“两道红线”的约束下，居民购房缺乏融资支持，销售回款骤然下降，房地产企业流动性极度紧张，对整个房地产行业影响力巨大。再叠加2017年以来金融去扛杆对房地产行业表外融资的打击，进入2021年之后，特别是2021年下半年，房地产企业的融资困难骤然增加。与此同时，在“房住不炒”的大背景下，土地市场供应出现了房地联动价，也就是说政府在出让住宅用地时已经对该地块建造后的住宅售价做了限制，这就彻底改变了人们对房地产市场的走势预期。

但在过去的5年甚至20年，房地产行业的“高周转模式”已经对居民贷款形成巨大依赖。于是终于在2021年12月3日，随着广东省人民政府约谈恒大集团实控人许家印先生，12月6日，由恒大高管、信达资产、越秀集团、国信证券和律师共同组成了恒大风险化解委员会，将这一轮房地产企业债务危机推向了高潮。由于我本人所在律所具有上海高院破产一级管理人资质，从2020年初起，我们就陆续接到了上海市第三中级人民法院（以下简称“三中院”）通过摇号、邀标等方式指定本所担任房地产企业管理人的案件。刚好，我是律所破产团队中拥有20年房地产行业法律服务经验的合伙人律师，在过去的20年中，我几乎都在为房地产开发商提供从拿地、建造、住宅销售/商业运营、物业管理等全过程的法律服务。因此，在三中院要求房地产破产案件的管理人负责人必须懂房地产的前提下，这个历史重担就落到了我的肩上。虽然，从我 2001 年做律师开始就师从丁晓文律师，当时丁老师最擅长的就是为政府提供烂尾楼项目的法律服务，著名的“文新报业大厦”“东晖花苑烂尾楼项目”都是丁老师经手的经典案例。但具体做了房地产破产案件后，案件办理的难度还是超过了我的想象。几乎每个房地产企业破产案件中，都会遇到债务违约、项目停工、理财“爆雷”等多米诺骨牌式的系统性风险和巨大的维稳压力。究其原因无外乎盲目扩张、关联担保、违规销售（“一女二嫁”、卖了又抵等），而房地产企业股权让与担保、金融机构明股实债、施工企业工程款垫资、供应商以物抵债、小业主交房违约、抵押物超额担保、内部理财融资等问题屡见不鲜。而目前《中华人民共和国企业破产法》（以下简称“《企业破产法》”）及相关司法解释并没有针对房地产企业破产的专门立法，部分在几年前已经案件高发的地区（如广东省、浙江省），相关法院先后出台了一些针对房地产企业破产案件办理的指引，但其法律效力和适用范围明显有很强的地域色彩，作为上海的管理人也只能结合具体案情部分借鉴和参考，并与三中院的法官一起探讨后摸着石头过河。应该说，上海各级法院把管理人办理案件的专业性和合法合规性放在首位。与其他地区不同的是，对于上海这个一线大城市而言，某个房地产项目或企业的破产根本不足以影响地区的发展和引起政府的足够重视，因此上海房地产企业破产项目的府院联动显得尤其艰难。管理人只能在法律允许的框架内，小心翼翼地根据破产程序对破产房地产企业的资产进行接管、债权债务梳理，尤其对几个容易发生冲突的权利（工程款优先权、金融机构抵押权、小业主物权期待权等）的优先顺序一一进行甄别，并在条件允许的情况下依法招募投资人。但在实际案例中，我们发现对于在进入破产前已经负债累累的房地产项目普遍存在项目规划不符合时代发展要求，以及由于早期取得的土地成本过低导致开发销售后产生高额的税收成为引进投资人的实质性障碍，大多数未顺利开发项目或多或少都有些实质性的开发障碍（如历史遗留拆迁问题、规划环评通不过等）。尽管如此，我们仍然克服了重重阻力，经办了上海第一个由清算转重整的房地产企业破产案件、上海第一个在重整程序中允许担保权人申请担保物单独处置的案件。我们边学习边摸索边总结，试图将在办理房地产企业破产案件中遇到的法律问题进行汇总并分享给业内人士。

2021 年注定是房地产行业发展的拐点，未来会有越来越多的房地产企业受到宏观政策调控影响，不得不通过出售资产或将部分项目公司通过进入破产清算或重整程序来为自己减负后断臂求生。由于大部分房地产企业在过去高周转时代中过度运用金融杠杆导致即使出售资产后仍然不能平衡企业现金流和资产负债率，这时就不得不通过破产程序来依法梳理和清偿债务从而获得新生。作为房地产企业破产管理人就必须非常熟练地运用现有的法律法规、不断学习和运用市场上的新模式甚至创造性地建立符合房地产企业项目特点的重整构架（出售式重整、共益债模式、服务式信托等），为这一轮房地产企业或被困房地产资产重生之路保驾护航。

杨文珺

2021 年 12 月 28 日

目录

为什么房地产企业更适合破产重整

杨文珺、刘海川

近年来，由于宏观经济形势不断变化、房地产调控政策发生转变，房地产企业发展的道路并非一帆风顺。尤其受新冠疫情影响，项目建设进度押后、房屋销售动力不足问题突出，部分房企已经开始采用“打折出售”“付全款配车位”等模式加速回笼资金，也有部分房企受客观因素影响难以为继，破产的结局在所难免。由于房地产行业涉及面广，事关当地经济发展目标，更与社会稳定密切相关，因此房地产企业的破产历来都会引起社会的广泛关注。

一、房地产企业破产的特殊之处

1. 债务规模庞大。房地产项目的资金投入成本极高，在建设过程中，房地产企业往往会通过抵押不动产的形式向银行申请贷款，同时会在关联公司之间进行资金拆借，抑或是通过民间借贷等形式保证项目现金流的稳定，还会为集团公司或关联企业提供担保。因此，当房地产企业已经濒临破产时，实际涉案的债权金额可能极高，同时由于合同中对利息、违约金的约定较为严格，后续债权金额可能会进一步扩大。

2. 法律关系错综复杂。房地产企业在日常经营活动中可能涉及的债权人不仅仅包括常规的金融机构、税务机关、勘察设计、总包分包、材料供应商、监理、代理机构等，还有小业主、农民工等特殊群体。由于各类主体间法律关系错综复杂，在平衡利益诉求时难度较大，如果在处理特殊群体利益时处置不当，极有可能导致群体性事件的发生。同时，由于房企破产时债权实现的先后问题会直接影响到各方主体的利益实现，因此明晰剩余资产和债权分配顺序是破产程序的重中之重。

3. 政府关注度高。由于房地产行业的特殊性，从土地的招拍挂到规划审批、到土地平整建设、再到商品房的买卖登记，牵涉到规划、住建、国土、财税等多个政府部门。在房企进入破产程序后，政府出于对地方经济发展、城市区域规划及维稳的重视，可能会对破产工作的开展进行指示或建议。与此同时，在破产程序实际推进过程中，政府部门的协助与配合必不可少。

二、房地产企业重整的优势所在

从《企业破产法》来看，我国企业在不能清偿到期债务，并且资产不足以清偿全部债务或明显缺乏清偿能力的，或者有明显丧失清偿能力可能的，可以向人民法院提出重整、和解或破产清算申请。在实际破产程序中，房地产企业的破产程序往往是清算或重整二选一的问题。由于在司法实践中，破产清算评估、拍卖等程序所需时间较长，资产变现困难，容易导致房地产企业的在建房产变成烂尾楼，进一步贬损其价值，不利于债权人利益的实现，因此一般更加推荐房企选择破产重整程序。

房地产企业进行破产重整具有如下显著优势：

1. 立足现有资产进行规划。房地产企业破产的原因有的是资金流出现问题，有的是担保不当导致，但是房企在破产时往往仍然持有大量资产，如闲置土地、在建工程，又比如正处于预售阶段的住宅或招商阶段的商业地产及使用中的工业地产。放任房企破产清算，既不利于处理企业持有的半成品资产，也不利于实现现有债权人的利益，如果引入投资方进行重整，不仅有利于盘活房企的现有资产，还可能使得债权人的利益获得长期保障。同时，在重整并剥离现有债务之后，一个清洁的房地产企业更加容易吸引到新的投资人入股。

2. 少隐性债务风险。根据《企业破产法》第四十五、四十六、四十八条规定：债权人应当在人民法院确定的债权申报期限内向管理人申报债权。债权申报期限自人民法院发布受理破产申请公告之日起计算，最短不得少于三十日，最长不得超过三个月。未到期的债权，在破产申请受理时视为到期。附利息的债权自破产申请受理时起停止计息。因此，破产程序中债权申报的法定时限较为明确，一旦债权人未能及时申报债权就无法在破产程序中获得有效的债权受偿，合法的债权人通常会在申报期内积极联系重整组进行债权申报。同时，由于重整组作为管理人通常会在重整过程中对企业进行接管，聘请专业机构对房企的资产、债务、诉讼等内容进行审计和评估，相应的结果均需要向债权人和法院定期汇报，也需要在债权人会议上对存疑内容作出解释，有利于明确破产房企的财务现状和重整进度。基于以上缘由，我国法律对重整制度的设计有效保证了房企的债务负担在重整过程中得到有效披露，债权人可以清楚明晰地了解到房企的经营现状和重整目标，法院和政府的监管也避免了后期隐性债务再次出现的风险。

3. 消减优化现有债务。一般来说，债权人乃至金融机构受限于自身的监管要求及利益诉求，在对企业债务进行处理时进行协商的空间不大。但是，在破产重整过程中，投资方完全有机会争取到债务结构调整的机会，包括对某些债务进行减免、债转股、延长债务清偿期限等。从房企本身来说，债务总量的减少可以大大缓解企业的资金压力；从债权人来说，房企的现有资产可能难以全面填补所有债务，如果根据债务清偿顺序，排名靠后的债权人可能最后颗粒无收，如果可以通过让房企继续经营逐步收回债务就完全可以接受；从投资人来说，在投资的同时争取债务结构调整不仅可以显著改善资产信用状况，大大降低投后风险，也更加有利于制定明确的发展规划。与此同时，从程序上来说，《企业破产法》第 84 条规定：出席会议的同一表决组的债权人过半数同意重整计划草案，并且其所代表的债权额占该组债权总额的三分之二以上的,即为该组通过重整计划草案。这意味着分组表决中虽然要求各表决组均通过重整计划草案，但实际上每组只需要三分之二的债权人同意即可，重整组不需要争取到每一位债权人对重整方案的支持，避免了一些债权人的无理取闹，赋予了重整组工作开展中充分的协商空间。一般来讲，一二线城市的房产项目由于资产价值较高，破产重整方案的表决通过率也较高。

4. 府院联动机制保障。从破产重整的一般流程来看，重整计划的制定、债权人会议的举行、重整计划草案的批注等各方面均由人民法院全程监管，只有获得通过并获得人民法院批准的重整方案才能获得生效裁判文书的法律效力，因此重整过程的流程公开透明，这是一般投资项目在尽调过程中难以取得的优势，从房地产企业破产重整的特殊之处来看，由于房地产企业的存续和发展可能事关当地政府的经济发展计划，也可能涉及部分维稳因素,政府部门在重整方案的制定过程中会提供一定的指导与建议，在程序上尽量为重整计划的推进提供帮助。同时，当地政府也不愿意看到“烂尾楼”“农民工讨薪”等社会问题出现，在优质且有诚意的投资方出现时，政府更加倾向于积极主动帮助投资方解决重整计划中遇到的问题并根据“一事一议”的原则给予相应的政策扶持，这也成为房地产企业破产重整的政策优势。

综上所述，房地产企业在破产程序中选择重整具有必要性和可行性。良好的重整方案不仅可以盘活房企现有资产，还可以依托于投资优势加速商业结构创新，对于全行业来说，更是引进优质投资方的有效途径。当然，破产重整相较于一般投资而言不确定性较大，债务问题更加显著，如何更加公平合理地选择重整方案是管理人必须面对的挑战，笔者也会在之后的文章中进一步讨论有关话题。

破产房企如何将清算转向重整

杨文珺、刘海川

一、破产清算转重整的一般程序

《企业破产法》第二条规定：企业法人不能清偿到期债务，并且资产不足以清偿全部债务或者明显缺乏清偿能力的，依照本法规定清理债务。企业法人有前款规定情形，或者有明显丧失清偿能力可能的，可以依照本法规定进行重整。第7条规定：债务人有本法第二条规定的情形，可以向人民法院提出重整、和解或者破产清算申请。债务人不能清偿到期债务，债权人可以向人民法院提出对债务人进行重整或者破产清算的申请。企业法人已解散但未清算或者未清算完毕，资产不足以清偿债务的，依法负有清算责任的人应当向人民法院申请破产清算。因此，《企业破产法》规定的破产界限包括四种：债务人不能清偿到期债务并且资不抵债；债务人不能清偿到期债务并且明显缺乏清偿能力；申请重整的，债务人明显丧失清偿能力之可能；清算中的法人资不抵债。

司法程序中，由破产清算转重整的一般程序如下图所示：

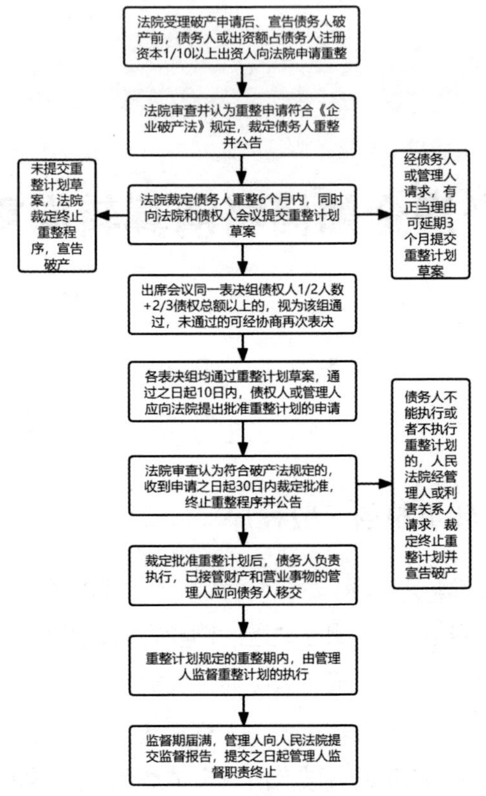

图 1 由破产清算转重整的一般程序

就重整计划草案的表决来看，《企业破产法》第八十四条规定：出席会议的同一表决组的债权人过半数同意重整计划草案，并且其所代表的债权额占该组债权总额的三分之二以上的，即为该组通过重整计划草案。从比例上来说，重整计划的通过只需要满足“1/2 债权人 +2/3 债权份额”的要件，并不需要每一个债权人都同意重整草案。这种比例设计在一定程度上避免了因为部分债权人的胡搅蛮缠而导致大部分债权人的利益得不到保障的不利后果，也给管理人处理公司债务问题留有一定的操作空间，更利于制定出公平且具有操作性的重整草案。

如果表决通过的，债务人或者管理人应当在十日内申请法院批准重整计划，法院审查通过的应当在三十日内批准重整计划并终止重整程序，同时将终止重整程序的裁定送交执行法院，执行法院应当裁定终结对被执行人的执行。即使有部分表决组在首次表决中未通过重整计划草案，债务人或管理人可以与之协商后再次表决，这在一定程度上又可以照顾到特殊债权人的利益。如果表决组仍然未通过草案，债务人或管理人还可以根据《企业破产法》第八十七条的规定申请法院批准重整草案，需要满足的条件包括：（1）按照重整计划草案，本法第八十二条第一款第一项所列债权就该特定财产将获得全额清偿，其因延期清偿所受的损失将得到公平补偿，并且其担保权未受到实质性损害，或者该表决组已经通过重整计划草案；（2）按照重整计划草案，本法第八十二条第一款第二项、第三项所列债权将获得全额清偿，或者相应表决组已经通过重整计划草案；（3）按照重整计划草案，普通债权所获得的清偿比例，不低于其在重整计划草案被提请批准时依照破产清算程序所能获得的清偿比例，或者该表决组已经通过重整计划草案；（4）重整计划草案对出资人权益的调整公平、公正，或者出资人组已经通过重整计划草案；（5）重整计划草案公平对待同一表决组的成员，并且所规定的债权清偿顺序不违反本法第一百一十三条的规定；（6）债务人的经营方案具有可行性。如果法院经审查认为重整计划草案符合前款规定的，应当自收到申请之日起三十日内裁定批准，终止重整程序，并予以公告。如果重整计划草案未获得通过且未依照本法第八十七条的规定获得批准，或者已通过的重整计划未获得批准的，人民法院应当裁定终止重整程序，并宣告债务人破产。

二、房企清算转重整的注意事项

1. 用地规划和开发障碍需先排除

房地产企业破产，除了常见的资金链断裂导致无法清偿工程债权、金融债权的情况外，部分房地产企业在项目土地及工程项目方面，本身也存在一定的“硬伤”，导致项目无法及时进行开发，进而引发整体的债务危机。

鉴于房地产企业的主要资产为其所持有的土地使用权及在建工程，因此在房地产企业转入重整程序前，须重点考察该部分资产是否具有进一步处置或开发的可行性。就土地使用权而言，须确定该部分土地的权属是否清晰、土地出让金是否已经全部缴纳、土地是否具备开发条件、土地规划条件是否符合重整预期、是否存在任何的历史遗留问题或在出让合同中有其他的如完成拆迁、配套设施建设等要求。就在建工程而言，须确定在建工程规模、续建成本、抵押情况、预售情况，并与购房业主充分沟通，做好维稳工作。上述问题在解决过程中，管理人可以充分利用破产程序的特殊性，积极与相关政府部门沟通，利用“府院联动”机制，排除开发障碍，从而为房产企业转向重整提供更多的便利条件。

2. 税收问题较为突出，尤其是土地增值税测算

从增值税缴纳来说，纳税人在资产重组过程中，通过合并、分立、出售、置换等方式，将全部或者部分实物资产以及与其相关联的债权、负债和劳动力转让给其他单位和个人，不属于增值税的征税范围，其中涉及的货物、不动产、土地使用权转让行为，不征收增值税。

从企业所得税来说，根据《中华人民共和国企业所得税法》及其实施条例相关规定，债权人在债务重组中发生的损失，依法予以扣除；债务人在债务重组中取得的经济利益，依法予以征税。根据《财政部、国家税务总局关于企业重组业务企业所得税处理若干问题的通知》，企业重组同时符合下列条件的，适用特殊性税务处理规定：（1）具有合理的商业目的，且不以减少、免除或者推迟缴纳税款为主要目的；（2）被收购、合并或分立部分的资产或股权比例符合本通知规定的比例；（3）企业重组后的连续 12 个月内不改变重组资产原来的实质性经营活动；（4）重组交

易对价中涉及股权支付金额符合本通知规定比例；（5）企业重组中取得股权支付的原主要股东，在重组后连续12个月内，不得转让所取得的股权。所谓特殊性税务处理规定，即债务重组所得可以在5个纳税年度期间内递延纳税。

土地增值税也是与房地产企业密切相关的重要税种，根据《财政部、税务总局关于继续实施企业改制重组有关土地增值税政策的通知》，单位、个人在改制重组时以房地产作价入股进行投资，对其将房地产转移、变更到被投资的企业，暂不征土地增值税，上述改制重组有关土地增值税政策不适用于房地产转移任意一方为房地产开发企业的情形。因此，在满足政策规定的条件时，房企重整时也可能不必缴纳土地增值税。值得注意的是，土地增值税减免通知的执行期限已于2020年12月31日到期，是否延续或有相关政策替代尚待观察。尽管如此，投资方在测算投资成本时仍然会将房地产项目开发建成销售后需缴纳的土地增值税作为重要成本。此时，土地取得和开发成本资料是否完备、准确就非常重要。

3. 债权处理较为特殊

从房地产企业破产案件中的债权清偿顺位来说，《企业破产法》第一百零九、一百一十三条，《最高人民法院关于建设工程价款优先受偿权问题的批复》等规定作出了较为明确的解答，清偿的顺位如下：消费者购房款优先权 > 建设工程价款优先受偿权 > 抵押权 > 职工劳动债权 > 税款债权 > 普通债权。虽然法律已经对清偿顺位进行了明确的规定，但是房地产企业发展、商品房销售中的法律问题纷繁复杂，远远不是通过直观的事实判断能决定的。在确定清偿顺位的过程中，有许多问题亟待解决，比如：未竣工的建设工程如何界定优先权的行使时间？停工状态的建筑工程如何确定优先权的行使期限？以房抵债是否在债权清偿上享受优先权？已经办理房贷的购房人权益如何保障？

因此，房企破产中管理人与承建方、小业主、供应商乃至建筑工人的沟通是长期且复杂的，管理人需要花费大量的时间对房企在经营过程中产生的债权债务关系进行梳理，经过大量事实调查后明确具体的清偿顺位。

需要注意的是，如果严格按照清偿顺位进行债务清偿，处于较后排位的债权人可能颗粒无收，因此在清算转重整过程中，排位较后的债权人更有动力促成重整草案的达成。如果可以通过重整使房企继续生存并发展，即使债务的清偿需要细水长流，在债权人看来也比颗粒无收要好。由于重整草案的通过需要表决组 1/2 债权人通过，因此重整草案的制定需要平衡不同顺位债权人之间的利益，一味照顾主要债权人利益并不利于达成最终方案。

破产清算转重整程序的条件和程序

杨文珺、谢润泽

一、破产清算程序转重整的条件

破产重整制度与破产清算制度、破产和解制度构成了我国《企业破产法》的主要框架。三大制度相互独立，又互相关联。破产清算是指企业被宣告破产，依破产程序所进行的清算，目的在于立即进行清算，以企业现有资产进行公平分配，实现债权人清偿，并最终将债务人企业注销。破产重整是为了债务人企业继续存续，从而有能力清偿债务，平衡保护债权人、出资人、其他利害关系人与债务人企业的利益并限制担保物权的行使，弥补了和解制度的缺陷，体现了破产法实施破产预防的程序目的。破产清算、破产重整和破产和解三个制度，在程序进行过程中可以依法转换，本文重点探讨从破产清算程序向重整程序转换的条件。

根据《企业破产法》第七十条第二款规定，债权人申请对债务人进行破产清算的，人民法院受理破产案件后，在宣告债务人破产之前，债务人或者出资额占债务人注册资本十分之一以上的出资人，可以向人民法院申请重整。因此，破产清算程序转入重整程序的适用条件应当包括程序要件、实体要件、申请主体资格三个方面。

（一）程序要件

1. 人民法院已经受理破产申请

债权人提起破产清算申请，如果人民法院不予受理，债务人、出资人不得提起重整转换的申请。因债权人申请对债务人进行破产清算且为人民法院受理，此时，相关法律措施已经实施，如管理人已经产生、财产已经被接管等，在已经进入破产程序的情形下，债务人、出资人才有权提出重整申请。

2. 人民法院尚未对债务人作出宣告破产的裁定

债务人、出资人提出重整申请必须在人民法院受理破产申请后、宣告债务人破产前。重整申请具有优先的、排他的效力，重整申请一经法院裁定认可，正在进行的破产清算程序即告中止。在债务人不执行或不能执行重整计划时，人民法院将裁定破产重整程序转为破产清算程序。破产重整程序转入破产清算程序后，不能再转回破产重整程序，因为，已经宣告开始的破产清算程序是不可逆转的。

需要指出的是，人民法院已经受理的债权人提出的破产申请，在破产清算程序为内容债务人、出资人必须在债权人申请对债务人进行破产清算的情况下，才可以提出重整申请。根据我国《企业破产法》的规定，债权人提出重整申请仅限于债务人尚未进入破产程序时。人民法院受理债权人提出的重整申请后，债务人或出资人此时已无另行申请的必要。

（二）实体要件

在破产清算程序向重整程序转换中，无论是债务人申请重整还是出资人申请重整，实体上的适用条件都应当是债务人重整必须具有可行性和企业存在挽救的可能性。《企业破产法》对于重整可行性的标准没有规定。在实践操作中，应当以综合企业资产、债务情况、企业可持续经营能力作为实体要件，因为破产重整的目的是债权人通过放弃部分权利以换取更大的利益，债务人、出资人要证明债务人具有重整可能性，就必须证明债务人具备前述重整实体要件，说明债务人目前遇到的无法清偿到期债务的困境，不是债务人已丧失营利能力，而是因为债务人遇到了暂时困难。如果债权人给予债务人一定的宽限，债务人可以在一定期限内扭亏为盈，或其重整后可以债务清偿比例显著高于清算状态下的清偿比例。债务人重整可行性标准比较宽泛，可能会导致一些债务人逃避对其财产的强制执行而滥用重整程序。因此，在受理重整申请或清算转为重整时，人民法院或管理人应当对债务人重整是否具有可行性进行严格审查，把好重整程序准入关，以防重整程序被恶意利用，防止不良债务人利用重整制度拖延时间，转移财产，规避法律，损害债权人利益。

（三）申请主体资格

我国采取申请破产主义，当事人不申请的，人民法院没有主动受理的权利。由破产清算程序转为重整程序的申请主体，即重整申请权人，指的是有权向人民法院申请启动由破产清算程序转为重整程序的法律主体。根据《企业破产法》第七十条第二款规定，申请破产清算程序转入重整程序的申请人可以有两种不同的法律主体，即债务人或者出资额为债务人注册资本十分之一以上的出资人。

1. 债务人申请重整资格

债务人在进入破产程序后可以提出重整申请。债务人不能清偿到期债务，债权人申请对债务人进行破产清算的，人民法院受理破产案件后、宣告债务人破产以前，债务人为了避免企业最终破产清算，可以向人民法院申请进行重整。

《企业破产法》规定了债务人有权提出破产重整申请，并没有具体指明谁能代表债务人申请破产重整。结合《中华人民共和国公司法》（以下简称“《公司法》”）的规定，应当明确，公司的董事会无权就公司的重整作出决议，只能由股东大会作出决议，而后由债务人企业的代表机关代表公司向人民法院提出重整申请。《企业破产法》将重整申请权合理地赋予债务人，使得债务人在运用重整制度避免破产清算时具有主动性。

2.出资人申请重整资格

对于处于财务困境中的企业来说，调动各方面的积极性来挽救企业是非常重要的。允许债务人的出资人提出重整申请的制度主要有以下原因:

第一，出资人是最愿意挽救企业的人，股东与公司的利益是基本一致的，企业的存亡与出资人的利益息息相关，因此完全有可能调动起出资人的积极性，出资人从企业拯救中可以得到比债务企业本身更大的利益，因而具有更强的拯救企业的动机。

第二，企业的出资人为挽回自己的投资，可能为拯救企业而给出新的投入，在重整程序中股东对债务人追加资金投入、改革公司治理结构、提升公司经营能力往往会起到至关重要的作用，有利于帮助企业获得增量资金，提高企业运行效率和利润率，提高债权人清偿比例，使重整顺利进行。允许出资人提出重整申请，这是重整制度与破产清算、破产和解制度的一个重要区别。在破产清算、和解制度下，出资人不能发挥积极作用。而在重整制度中，出资人具有一定的主动地位，可以利用其法律地位发挥其拯救企业的积极性。但出资人提出重整申请需要满足一定的条件：

一是申请时间，必须是在债权人申请对债务人进行破产清算的情况下，人民法院受理破产案件后、宣告债务人破产以前；

二是出资人出资额必须占债务人注册资本十分之一以上，才有资格向人民法院申请对债务人进行重整。我国《企业破产法》之所以要对出资人申请进行资本额的限制，是为了避免过于草率的申请，也是在鼓励重整与防止股东滥用申请权、扰乱公司的正常经营的目的之间求得最佳平衡。

综上，对于具备破产重整价值的企业，我国《企业破产法》赋予了债务人在破产清算程序中的特殊地位和权利，合理、及时利用破产清算转破产重整程序有助于有效整合企业资源、保障企业和债权人整体利益，实现更大的社会价值。

浅析破产拍卖与司法拍卖异同

杨文珺、庄浩波

一、前言

2021 年 6 月 21 日，滁州市中级人民法院的一场司法拍卖引起了广泛关注。当日下午 4 时，阿里网络司法拍卖挂出“被执行人游戏卡牌 1 张”，底价 80 元，估价 100 元。在随后的短短半小时内，市场价值在 20 万 ~30 万人民币的拍卖物，经竞买人 2105 手举牌，拍卖价格一路飙升至 8700 余万元，遂因“拍品与实际竞拍价格严重不符，可能存在恶意炒作与竞价行为”被法院中止拍卖。在这一场流量的狂欢后，留下一地鸡毛。根据相应法律法规，对于在司法网拍中恶意抬价，扰乱司法拍卖秩序的买受人，人民法院可以对其罚款、拘留，构成犯罪的，依法追究刑事责任。滋事者必然会因自己的放纵而受到惩罚。毕竟司法拍卖是在法院的主持下进行的，那么如何避免在破产拍卖中出现类似情形，若在破产拍卖中出现悔拍，破产管理人应当如何应对呢？上海市高级人民法院于 2021 年 5 月 30 日发布了《上海市高级人民法院关于破产程序中财产网络拍卖的实施办法(试行)》（以下简称“《上海市破产网拍办法》”），办法的出台无疑将对破产网络拍卖规范起到作用。本文将从拍卖主体、拍卖依据、程序性、起拍价、悔拍情形保证金处理、拍卖次数等方面对《最高院网络司法拍卖规定》和《上海市破产网拍办法》进行比较，对破产网络拍卖与司法网络拍卖之间的异同做一个初步的解读和分析。

二、相近之处

在破产程序中，通过处置债务人财产的方式清偿债务是破产程序重要的一环。为快速有效地处置债务人财产，管理人通过网络拍卖方式处置破产财产现如今已成为首选。最新出台的《上海市破产网拍办法》第二条更是明确了“破产程序中变价处置债务人财产的,应当采用网络拍卖方式”。破产网拍与司法网拍皆采用了在互联网拍卖平台通过网络电子公开竞价将被处置的财产转让给最高应价者的一种特殊买卖方式。因此表现出的程序流程以及程序特性较为相似，流程方面都包括了公告、在线竞价、成交/流拍、再次拍卖等环节，程序特性都具有公开性、公平性、广泛性、持续性、便捷性等特点。且《上海市破产网拍办法》第 34 条直接规定了“管理人通过网络拍卖方式处置债务人财产，本办法没有规定的，可参照适用《最高人民法院关于人民法院网络司法拍卖若干问题的规定》”。第 8 条“网络拍卖平台应从最高人民法院确定的司法拍卖网络服务提供者名单库中选择”，第 15 条第 4 款“关于债务人财产处置参考价的确定，本办法未规定的，可参照适用《最高人民法院关于人民法院确定财产处置参考价若干问题的规定》”。

三、差异之处

1. 拍卖主体不同

司法网拍的主体是人民法院，破产网拍的发起主体是破产管理人。

第一条　管理人依法通过互联网拍卖平台，以网络电子竞价方式公开处置债务人财产的，适用本办法。

第一条　本规定所称的网络司法拍卖，是指人民法院依法通过互联网拍卖平台，以网络电子竞价方式公开处置财产的行为。

2. 监督主体不同

司法网拍的监督主体是社会，破产网拍的监督主体是债权人会议、债权人委员会和人民法院。

第三条　网络司法拍卖应当在互联网拍卖平台上向社会全程公开，接受社会监督。
第七条　管理人作为拍卖实施主体，应以自己的名义依法通过网络拍卖平台处置债务人财产，接受债权人会议、债权人委员会和人民法院的监督。

3. 法律依据与文书依据不同

司法网拍（民事执行）依据的是《民事诉讼法》以及已经生效的法律文书或执行裁定书，而破产网拍依据的是《企业破产法》以及经债权人会议通过（或法院裁定确认）的《破产财产变价方案》。

《民事诉讼法》第二百二十四条：被执行人未按执行通知履行法律文书确定的义务，人民法院有权查封、扣押、冻结、拍卖、变卖被执行人应当履行义务部分的财产。但应当保留被执行人及其所扶养家属的生活必需品。
《企业破产法》第一百一十二条：变价出售破产财产应当通过拍卖进行。但是，债权人会议另有决议的除外。（例外情况，办法第 11 条：债务人财产存在季节性、鲜活、易腐败变质、易损易贬值、保管和管理费用过高等情形，需在债权人会议前处置的，应由管理人另选变价方式，并向人民法院提交报告。）

4. 选择拍卖平台的主体不同

司法网拍由申请执行人选择网络服务提供者，破产网拍由管理人选择网络服务提供者后由债权人会议表决。

第五条　网络服务提供者由申请执行人从名单库中选择；未选择或者多个申请执行人的选择不一致的，由人民法院指定。

第九条　管理人应在财产变价方案中明确网络拍卖方案并提交债权人会议讨论、表决。网络拍卖方案一般应当包括以下内容：
…
（二）拟选择的网络拍卖平台；
…

5. 第三方社会服务机构费用支付主体不同

《最高院网络司法拍卖规定》和《上海市破产网拍办法》均对聘用第三方社会服务机构开展网络拍卖辅助服务作出规定，第三方社会服务机构主要从事制作拍卖财产的文字说明、照片或者视频等资料，展示拍卖财产，接受咨询，引领看样等工作。不同的是，网络司法拍卖辅助服务费用由被执行人承担，实践中优先从执行案款中扣划；而破产网拍将该笔费用列入破产费用，经债权人会议审查后由债务人财产随时清偿。

第七条　实施网络司法拍卖的，人民法院可以将下列拍卖辅助工作委托社会机构或者组织承担：
（一）制作拍卖财产的文字说明及视频或者照片等资料；
（二）展示拍卖财产，接受咨询，引领查看，封存样品等；
（三）拍卖财产的鉴定、检验、评估、审计、仓储、保管、运输等；
（四）其他可以委托的拍卖辅助工作。
社会机构或者组织承担网络司法拍卖辅助工作所支出的必要费用由被执行人承担。

第十条　管理人应当将网络拍卖方案中的各项具体内容向债权人会议进行充分披露和释明。
…
管理人认为需要聘请辅助机构的，应当向债权人会议说明聘用辅助机构的必要性、辅助机构的选聘方案、辅助机构承担的工作及所需费用等事项。
…
管理人应就拍卖债务人财产可能产生的费用和税费负担情况向债权人会议予以说明。

6. 公告期不同

司法网拍的公告期根据动产、不动产（或其他财产权利）以及不同处置阶段进行了规定，动产一拍不少于十五日，二拍不少于七日；不动产（或其他财产权利）一拍不少于三十日，二拍不少于十五日。而破产网拍不再区分动产与不动产，仅对不同处置阶段的公告期作出规定，首次拍卖公告期不少于十五日，流拍后再次拍卖公告期不少于七日。

> 第十二条　网络司法拍卖应当先期公告，拍卖公告除通过法定途径发布外，还应同时在网络司法拍卖平台发布。拍卖动产的，应当在拍卖十五日前公告；拍卖不动产或者其他财产权的，应当在拍卖三十日前公告。
>
> 第二十六条　网络司法拍卖竞价期间无人出价的，本次拍卖流拍。流拍后应当在三十日内在同一网络司法拍卖平台再次拍卖，拍卖动产的应当在拍卖七日前公告；拍卖不动产或者其他财产权的应当在拍卖十五日前公告。再次拍卖的起拍价降价幅度不得超过前次起拍价的百分之二十。

> 第十三条　管理人实施网络拍卖应当先期公告。首次拍卖的公告期不少于十五日，流拍后再次拍卖的公告期不少于七日。公告应同时在选择的网络拍卖平台和全国企业破产重整案件信息网上发布，并可以根据案件需要在其他媒体发布。

7. 拍卖公告法定发布途径不同

司法网拍的公告除通过法定途径（报纸或其他新闻媒介）发布外，还应同时在网络司法拍卖平台发布。《最高人民法院关于加强和规范人民法院网络司法拍卖工作的意见》第三条规定，坚持公开透明，接受各方监督。各级人民法院必须在人民法院诉讼资产网以及各地法院选择的网络交易平台上发布拍卖公告。

在司法网拍实践中，大部分法院仅在网络交易平台发布拍卖公告，并未严格按照相关规定施行。《上海市破产网拍办法》增加了全国企业破产重整案件信息网的发布途径，同时破产管理人可以根据案件需要在其他媒体发布。

第十二条　网络司法拍卖应当先期公告，拍卖公告除通过法定途径发布外，还应同时在网络司法拍卖平台发布。拍卖动产的，应当在拍卖十五日前公告；拍卖不动产或者其他财产权的，应当在拍卖三十日前公告。
第十三条　管理人实施网络拍卖应当先期公告。首次拍卖的公告期不少于十五日，流拍后再次拍卖的公告期不少于七日。公告应同时在选择的网络拍卖平台和全国企业破产重整案件信息网上发布，并可以根据案件需要在其他媒体发布。

8.起拍价（保留价）和降价幅度不同

《最高院网络司法拍卖规定》规定的财产处置参考价主要有评估价和市价，而《上海市破产网拍办法》明确的方式有定向询价、网络询价、委托评估和管理人估价。需要说明的是，2018 年 8 月 28 日，最高人民法院发布了《最高人民法院关于人民法院确定财产处置参考价若干问题的规定》[法释（2018）15 号]，规定第二条明确了财产处置参考价确定方式有当事人议价、定向询价、网络询价、委托评估等。在司法网拍实践中，大部分法院已经按照最高院的要求，选择当事人议价、定向询价、网络询价、委托询价等方式，进一步降低执行成本。

关于起拍价降价幅度，《上海市破产网拍办法》赋予了债权人会议定价权，债权人会议可以授权管理人自行确定起拍价，也就是不受起拍价不得低于财产处置参考价百分之七十的限定。所以在实践中，为快速处置债务人资产更早清偿债权，零元起拍的情况也时有发生。

第十条　网络司法拍卖应当确定保留价，拍卖保留价即为起拍价。 起拍价由人民法院参照评估价确定；未作评估的，参照市价确定，并征询当事人意见。起拍价不得低于评估价或者市价的百分之七十。
第十五条　拟采用网络拍卖债务人财产的，一般情况下管理人应当提出处置参考价供债权人会议参考确定起拍价。参考价可以采取以下方式确定： （一）定向询价。债务人财产有计税基准价、政府定价或者政府指导价的，管理人可以向确定参考价时财产所在地的有关机构进行定向询价；

（二）网络询价。债务人财产无需由专业人员现场勘验或者鉴定，且具备网络询价条件的，管理人可以通过司法网络询价平台或其他网络询价平台进行网络询价；
（三）委托评估。法律、行政法规规定必须委托评估、债权人会议要求委托评估的，管理人应当委托评估机构进行评估。网络询价不能或不成的，管理人可以委托评估机构进行评估；
（四）管理人估价。无法通过以上三种方式确定参考价的股权、知识产权等、委托评估费用过高或者财产价值显著较低的，管理人可以根据市场交易价格、财务数据等进行估算。
关于债务人财产处置参考价的确定，本办法未规定的，可参照适用《最高人民法院关于人民法院确定财产处置参考价若干问题的规定》。
第十六条　债权人会议也可以授权管理人自行确定起拍价。
第十七条　债权人会议无法就起拍价作出决议的，由人民法院裁定，但一般不应低于处置参考价的百分之七十。

9. 保证金及悔拍处理

保证金数额问题，司法网拍规定在起拍价的百分之五至百分之二十，而破产网拍则规定经债权人会议决议可以突破上述范围。

买受人悔拍后竞拍保证金不足以弥补拍卖费用损失，以及重新拍卖价款低于原拍卖价款的差价是否可以追索的问题，《最高院网络司法拍卖规定》《上海市破产网拍办法》均没有明确规定。经检索，在司法实践中法院是否支持向悔拍人追索最终成交金额与原成交金额的差价，在很大程度上取决于是否在《拍卖公告》《拍卖须知》中约定该追索条款。在多数案例中，法院认为双方当事人在《拍卖公告》《拍卖须知》中形成的合意有效，悔拍人应当承担最终成交金额与原成交金额的差价的违约责任，详见 (2020) 苏 01 民终 7350 号、(2020) 苏 06 民终 348 号、(2018) 浙 06 民终 2051 号案件。因此，为避免法律风险的产生更高效地开展破产网拍活动，建议管理人在《拍卖公告》《拍卖须知》中约定追索条款（包括但不限于差价、拍卖产生的费用损失等）。

第十七条　保证金数额由人民法院在起拍价的百分之五至百分之二十范围内确定。 第二十四条　拍卖成交后买受人悔拍的，交纳的保证金不予退还，依次用于支付拍卖产生的费用损失、弥补重新拍卖价款低于原拍卖价款的差价、冲抵本案被执行人的债务以及与拍卖财产相关的被执行人的债务。 悔拍后重新拍卖的，原买受人不得参加竞买。
第十八条　竞买人应当交纳的保证金数额原则上在起拍价的百分之五至百分之二十范围内确定。债权人会议决议保证金数额不在上述范围内的，依其决议确定。 第十九条　拍卖成交后买受人悔拍的，交纳的保证金不予退还，计入债务人财产。 悔拍后重新拍卖的，除管理人认为原买受人悔拍非因其自身原因以外，原买受人不得参加竞买。

10. 拍卖限制次数及再次拍卖起拍价降价幅度不同

司法网拍从执行成本及效率方面考虑，标的物通过一拍、二拍、以物抵债、变卖后均未成交的，该执行案件便以终结本次执行结案。但破产网拍并未占用司法资源，因此在制度设计上拍卖次数不受限制。

第二十六条　网络司法拍卖竞价期间无人出价的，本次拍卖流拍。流拍后应当在三十日内在同一网络司法拍卖平台再次拍卖，拍卖动产的应当在拍卖七日前公告；拍卖不动产或者其他财产权的应当在拍卖十五日前公告。再次拍卖的起拍价降价幅度不得超过前次起拍价的百分之二十。 再次拍卖流拍的，可以依法在同一网络司法拍卖平台变卖。
第二十二条　债务人财产网络拍卖的拍卖次数、降价幅度不受限制。为提高财产处置效率，债权人会议关于财产变价方案的决议内容可以明确债务人财产通过多次网络拍卖直至变现为止，或明确变卖前的流拍次数，以及整体拍卖流拍后的处理方案。

四、结语

司法网拍旨在尽快变现执行财产，是法院依职权进行拍卖，体现了人民法院处理民事纠纷过程中行使公权力；而企业破产案件中的破产拍卖是一种法定清偿程序，是各方力量博弈的集中体现，债权人对破产财产变价拍卖享有较高的知情权和决策权，未经债权人会议的授权，破产管理人不得超越或偏离变价方案的内容对破产财产进行处分。

经比对我们可以发现，破产网拍在各个方面的自由度相较于司法网拍更高，但相对的救济途径也较少，因此作为破产管理人在办理破产网拍时，应严格按照债权人会议授权范围和程序，既要熟悉拍卖的全流程具体操作，也要充分发挥主观能动性推动资产成功变现。

当前网络技术发展迅猛，对破产案件的办理也产生了很大影响，作为破产管理人要紧随时代发展的步伐，充分利用网络平台办公，从而提高办案质效。

拍卖税费对破产房产处置与清偿的影响

杨文珺、庄浩波

引言

在企业破产程序中，由于企业纳税主体身份仍然存在，而我国现有法律尚未建立完善的破产纳税豁免制度，因此当发生应税行为时，破产企业仍然负有纳税义务。在三类破产程序（清算、和解、重整）中，尤其是破产清算，其主要的应税行为体现为对破产企业资产的拍卖，而税费的承担在很大程度上又影响着破产财产价值最大化以及债权人的利益。因此本文从破产拍卖的性质、税费的承担以及税费的计算三方面讨论拍卖税费对破产房产处置与清偿的影响。

一、破产拍卖的性质

理论及实务中，通常将拍卖分为“私力拍卖”与“公力拍卖”。私力拍卖，又称“任意拍卖”，是指由私人所实施的拍卖，其主要目的在于转让财产的所有权。公力拍卖，又称“强制拍卖”，是指国家机关依照有关规定，对已查封的财产所实施的拍卖，其主要目的在于清偿债务。法院在强制执行程序中进行的拍卖，即“司法拍卖”，属于典型的公力拍卖。

原则上讲，私力拍卖属于平等民事主体之间的法律关系，是商事行为，当事人如对拍卖行为有异议的，可以就拍卖合同的订立及效力问题提起民事诉讼，相关纠纷主要受《拍卖法》以及《中华人民共和国民典法》（以下简称“《民典法》”）调整。公力拍卖属于法院执行公务的行为，并非平等民事主体之间的法律关系，当事人如对拍卖行为有异议的，可以提出执行异议，主要受执行相关法律规定调整。

然而，破产拍卖既不属于私力拍卖也不属于公力拍卖，原因在于拍卖主体不同，私力拍卖的启动主体通常是财产所有人，公力拍卖的启动主体是法院，破产拍卖的启动主体是破产管理人所代表的全体债权人；法律关系不同，私力拍卖属于平等民事主体之间的法律关系，属于商事行为；而破产拍卖则有公权力的介入，即破产法院需对破产拍卖进行监督管理，并且，法院在拍卖结束后会根据需要协助进行执行。

因此，破产拍卖不属于司法拍卖，处于法律法规调整的真空地带，导致了破产拍卖环境的无序。

二、税费转嫁

在破产程序中，多数情况下破产财产无法满足所有债权，如果让破产企业额外缴纳资产拍卖产生的税费无疑是让债权的清偿变得更加困难，于是在实际操作中往往会在拍卖公告中载明由实际买受人承担权属转移过程中涉及的税费甚至可能包含着一些原本应由破产企业承担的税费，这被称之为税费转嫁。

那么这种情形是否合法呢？答案是肯定的。破产财产拍卖可以约定买受人承担全部税费。在“咸阳南洋房地产开发有限公司与咸阳经纬纺织机械有限公司申请再审”一案中，最高人民法院于 2020 年 11 月 5 日作出了（2020）最高法民申 5099 号民事裁定书。该裁定书中，法院认为，破产程序中拍卖破产财产，不是人民法院强制处分财产的行为，不适用《最高人民法院关于人民法院网络司法拍卖若干问题的规定》；案涉《竞买公告》和《竞价须知》约定拍卖破产财产过户所涉及的一切税费由买受人承担，买受人是知悉的，对买受人有约束力。

依据上述裁定，破产财产拍卖，不是司法拍卖，不适用《最高人民法院关于人民法院网络司法拍卖若干问题的规定》第30条有关税费依法各自承担的规定。破产财产拍卖中约定由买受人承担全部税费的，买受人应当承担。

那么这种情形是否合理？笔者认为不尽然。

1.此种情形未必使得破产财产价值最大化。在破产拍卖过程中，如果破产财产拍卖产生税费由买受人全部承担，则买受人在竞拍破产财产的出价，必然考虑三个因素：交易价格、买受人自己承担的税费以及出卖人承担的税费。正常情况下，转嫁给买受人承担的出卖人税费金额有多少，买受人愿意给出的拍卖交易价格就相应降低多少。无论是谁承担税费，最终破产财产的价值依旧没有增大。

2.实践中容易引发买受人纠纷与诉讼。破产财产拍卖后，买受人不愿意承担全部税费（出卖人税费）而发生争议的情况比较多。究其原因，通常是买受人对其竞买时承担全部税费的约定条款不够重视，或者虽然对其承担全部税费有心理准备但实际发生税费金额远远大于预期税费金额，或者对所承担全部税费究竟包括哪些税种与管理人理解有分歧。无论何种原因，一旦买受人不愿意承担出卖人应当缴纳的税费，其结果往往是买受人与破产企业之间发生纠纷和诉讼，影响甚至阻碍破产程序的顺利推进。

三、税费计算

那么令破产管理人闻之色变的税费究竟有几何？在拍卖流转过程中主要有三大税种——增值税、企业所得税、土地增值税以及各类附加税。根据相关规定确认的纳税义务人可以分为两方主体——买受人与出卖人。

1. 税种

1.1 增值税

增值税是以商品（含应税劳务）在流转过程中产生的增值额作为计税依据而征收的一种流转税。从计税原理上说，增值税是对商品生产、流通、劳务服务中多个环节的新增价值或商品的附加值征收的一种流转税。在破产企业的资产处置过程中，其系典型的商品流转，如果存在增值，其必须依法缴纳增值税。

在具体的纳税过程中，《增值税暂行条例》又区分了一般纳税人和小规模纳税人。一般纳税人销售货物、劳务、有形动产租赁服务或者进口货物的税率为17%；销售交通运输、邮政、基础电信、建筑、不动产租赁服务，销售不动产，转让土地使用权，税率为11%；销售服务、无形资产的税率为6%；如果破产企业为小规模纳税人，其适用征收税率一般为3%。

1.2 企业所得税

企业所得税是对我国境内的企业和其他取得收入的组织的生产经营所得和其他所得征收的一种所得税。企业所得税为比例税率，一般企业的税率为25%，非居民企业为20%。依据企业所得税条例规定，企业应纳税所得额，是企业的收入总额减去成本、费用、损失以及准予扣除项目的金额。企业应纳所得税额 = 当期应纳税所得额 × 适用税率；应纳税所得额 = 收入总额 - 准予扣除项目金额。

针对破产清算企业，在企业不再持续经营，发生结束自身业务、处置资产、偿还债务以及向所有者分配剩余财产等经济行为时，应当对清算所得、清算所得税、股息分配等事项进行处理。具体的清算所得计算方法为企业的全部资产可变现价值或交易价格，减除资产的计税基础、清算费用、相关税费，加上债务清偿损益等后的余额。

1.3 土地增值税

土地增值税是指转让国有土地使用权、地上的建筑物及其附着物并取得收入的单位和个人，以转让所取得的收入包括货币收入、实物收入和其他收入减去法定扣除项目金额后的增值额为计税依据向国家缴纳的一种税赋。

土地增值税以转让房地产取得的收入，减除法定扣除项目金额后的增值额作为计税依据，并按照四级超率累进税率进行征收。即应纳税额 = 增值额 × 适用税率 - 扣除项目金额 × 速算扣除系数。按照土地增值税税率表，增值额未超过扣除项目金额 50% 的部分，税率为 30%。增值额超过扣除项目金额 50%、未超过扣除项目金额 100% 的部分，土地增值税税率为 40%；增值额超过扣除项目金额 100%、未超过扣除项目金额 200% 的部分，土地增值税税率为 50%；按照土地增值税税率表，增值额超过扣除项目金额 200% 的部分，税率为 60%。

如果破产企业系房地产企业，土地增值税将构成其重要的纳税事项。当对房地产企业的资产进行拍卖后，如果不按照《土地增值税暂行条例》进行纳税，将无法在土地和房产管理部门办理相关的权属变更手续。此外，破产企业资产拍卖后，在缴纳土地增值税时需要按照规定办理土地增值税清算。

1.4 其他税种

除此之外，在对破产企业资产的拍卖过程中，还可能会涉及房产税、城市维护建设税、契税、印花税、城镇土地使用税等相关税种。由于其相对发生额较小，因此不予赘述。

2. 规定的纳税义务人

2.1 买受人

根据相关规定，买受人在拍卖流转过程中涉及的税种有契税、印花税、房产税等。

2.2 出卖人（破产企业）

根据相关规定，出卖人（破产企业）在拍卖流转过程中涉及的税种有增值税、城建税、教育费附加、地方教育费附加、土地增值税、城市维护建设税、印花税等。

3. 案例详解

以下由最终成交价为 3000 万人民币的某处房地产为例，可以看到税负占比在成交价的 30% 以上，最终由破产管理人分配的仅有 65% 左右，如若破产企业持有房产的时间更长，相应土地增值税也将大幅增长，这对于债权人而言并非是好消息。

表 1 破产房屋处置税费计算表

<table>
<tr><td>项目</td><td>成交价</td><td>3,000.00</td><td>转让房地产价</td><td>3,000.00</td></tr>
<tr><td rowspan="9">出让方</td><td>税种</td><td>税率</td><td>计算详解</td><td>应纳税额</td></tr>
<tr><td>增值税</td><td>5%</td><td>3000/1.05*5%</td><td>142.86</td></tr>
<tr><td>城建税</td><td>7%</td><td>28.57*7%</td><td>10.00</td></tr>
<tr><td>教育费附加</td><td>3%</td><td>28.57*3%</td><td>4.29</td></tr>
<tr><td>地方教育费附</td><td>2%</td><td>28.57*2%</td><td>2.86</td></tr>
<tr><td>土地增值税</td><td>27.10%</td><td>3000/1.05*x%</td><td>774.18</td></tr>
<tr><td>企业所得税</td><td>25%</td><td>3000/1.05*5%*25%</td><td>35.71</td></tr>
<tr><td>印花税</td><td>0.05%</td><td>3000*0.05%</td><td>1.50</td></tr>
<tr><td>出让方合计应缴税费</td><td></td><td></td><td>971.40</td></tr>
<tr><td rowspan="3">买受方</td><td>契税</td><td>3%</td><td>3000/1.05*3%</td><td>85.71</td></tr>
<tr><td>印花税</td><td>0.05%</td><td>3000*0.05%</td><td>1.50</td></tr>
<tr><td>买受方合计应缴税费</td><td></td><td></td><td>87.21</td></tr>
<tr><td colspan="2">交易双方应缴税费合计数</td><td></td><td></td><td>1,058.61</td></tr>
<tr><td colspan="2">土地增值税测算</td><td colspan="3">扣除项目：取得土地使用权所支付的金额 + 旧房及建筑物的评估价格（重置成本价 * 成新度折扣率）+ 与转让房产有关的税金</td></tr>
</table>

<table>
<tr><td rowspan="13">扣除项目</td><td rowspan="3">取得土地使用权所支付的金额</td><td>土地价格</td><td>420</td></tr>
<tr><td>土地契税</td><td>12.6</td></tr>
<tr><td>其他费用</td><td></td></tr>
<tr><td>小计（1）</td><td colspan="2">432.6</td></tr>
<tr><td rowspan="2">建筑物的评估价格</td><td>建筑物重置成本价</td><td>1109</td></tr>
<tr><td>成新折扣率</td><td>60%</td></tr>
<tr><td>小计（2）</td><td colspan="2">665.4</td></tr>
<tr><td rowspan="4">与转让房产有关的税金</td><td>城建税</td><td>10.00</td></tr>
<tr><td>教育费附加</td><td>4.29</td></tr>
<tr><td>地方教育费附加</td><td>2.86</td></tr>
<tr><td>印花税</td><td>1.50</td></tr>
<tr><td>小计（3）</td><td colspan="2">18.64</td></tr>
<tr><td>合计</td><td colspan="2">1,116.64</td></tr>
<tr><td>增值额</td><td>1,883.36</td><td>增值额与扣除项目金额的比率</td><td>168.66%</td></tr>
<tr><td>测算应纳土地增值税</td><td>774.18</td><td>拟核定征收率</td><td>27.10%</td></tr>
</table>

四、当前阶段税费承担政策导向

由于无序的破产拍卖环境，导致了在实际破产拍卖实务中，将相应的税费全部转嫁给买受人承担，往往因此产生诸多争议。比如，土地增值税与特定的不动产关系密切，在买受人承担税费时是否要承担历史欠税？再比如，由于在拍卖前未知具体应税金额（在办理产权转移前较难测算），实际应付税费远超买受人预期导致买受人反悔而产生的争议。在现有的规定中很难找到直接答案或者合理的公平的答案，由此笔者认为在不久的将来极有可能参照司法拍卖程序的规定对此进行规制。

2016 年 8 月 3 日，最高人民法院发布《最高人民法院关于人民法院网络司法拍卖若干问题的规定》，该规定于 2017 年 1 月 1 日起实施，其第三十条规定，因网络司法拍卖本身形成的税费，应当依照相关法律、行政法规的规定，由相应主体承担；没有规定或者规定不明的，人民法院可以根据法律原则和案件实际情况确定税费承担的相关主体、数额。

2020 年 9 月 2 日，国家税务总局在“对十三届全国人大三次会议第 8471 号建议的答复”中，明确指出：“我局和最高人民法院赞同您关于税费承担方面的建议，最高人民法院将进一步向各级法院提出工作要求：一是要求各级法院尽最大可能完善拍卖公告内容，充分、全面向买受人披露标的物瑕疵等各方面情况，包括以显著提示方式明确税费的种类、税率、金额等；二是要求各级法院严格落实司法解释关于税费依法由相应主体承担的规定，严格禁止在拍卖公告中要求买受人概括承担全部税费，以提升拍卖实效，更好地维护各方当事人合法权益。”

上述对税费转嫁的矫正探索，明确了买卖双方各自的纳税义务，有利于避免很多可以预测的争议。从上述规定及答复中不难看出国家对于此种无序情形的价值导向，即不赞成拍卖中因拍卖产生税费全部由买受人承担的做法，认为这样的做法增加了交易的不稳定。

五、结语

在破产案件中，通常拍卖房产的税费成本较高，在成交价中占比较高，尽管处置流程较为迅速、公开透明，且看似成交金额可观，然而税费缴纳后对实际清偿率的负面影响依然不小，所以对于破产管理人而言，应当结合案件实际情况慎重考量。特别在房企破产案中，其资产往往是其主要生产资料，建议优先考虑重整或重组，谨慎启动破产清算拍卖。

实质合并重整与程序合并重整的选择与考量

杨文珺、刘海川

所谓破产重整制度，是指在债务人发生经营困难但有再生希望的情况下，依照法定程序，维系企业营业，实施债务重组和营业优化的债务人挽救制度。破产重整的核心作用在于最大限度平衡债权人、债务人的利益，促使投资人、利害关系人达成合作协议，在努力挽救濒临破产的公司基础上，减少各方经济利益损失。从概念来说，不论是实质合并重整还是程序合并重整在法条中均没有明确定义，只有《全国法院破产审判工作会议纪要》第六章对关联企业破产进行了一定规制。从实务层面来看，实质合并重整与程序合并重整在破产程序中广泛出现，尤其是实质合并重整在破产程序中发挥的作用愈加突出。因此，理解关联企业破产制度下实质合并重整与程序合并重整的制度背景，进而从理论、法律、实务层面理解实质合并重整与程序合并重整的联系尤为重要。

一、实质合并重整与程序合并重整的模式区分

实质合并重整与程序合并重整均为破产程序中对破产企业及其关联

企业进行财产处理、债权债务处理的重整制度。

实质合并重整源于实质合并规则在破产法领域的体现，即指不同实体的财产和债务在破产程序中被合并为一个破产案件，被当作一个破产债务人对待，上述实体的财产经过合并后只作为一项独立的破产财产存在，对合并后的债务享有债权的主体将从这项独立破产财产中获得分配。近年来，我国司法实践中运用实质合并重整解决破产难题的势力愈加多见，比如：海航集团实质合并重整案中，海南省高级人民法院裁定的海航破产重整公司已经达到378家；雨润食品实质合并重整案中，南京市中级人民法院裁定对南京雨润与安徽福润及另外42家内地公司进行实质合并重整；奥特莱斯小镇实质合并重整案中，佛山市中级人民法院裁定对奥特莱斯置业广东有限公司等5家关联公司进行实质合并重整。上述案例中的破产企业的共同特征在于体量庞大、关联公司众多、集团企业内部债权债务复杂，法院在破产程序中引入实质合并破产程序可以更加清晰地确认企业的债权债务状况，进而引入投资人开展重整程序，最终提高偿债率保障债权人的合法权益。

程序合并重整进一步分为案件合并模式及协调审理模式。案件合并模式只在程序上对破产企业进行并案处理，当数个破产企业提起不同的破产申请时，法院在受理后将多个破产案件进行合并。在处理过程中，各个破产企业的财产相互独立，仍由单独的破产程序来偿还各自债权人，合并审理案件的各债权人也只能从各自的债务人财产中获得清偿。因此，案件合并模式并不涉及破产企业财产和债权债务的实质合并。协调审理模式是指破产企业及其关联企业在提起破产申请但又不符合启动实质合并重整要件时，法院可根据实际状况将关联企业的破产程序与破产企业合并协调处理。在协调审理模式下，各个关联企业的财产仍然相互独立，各个债权人也只能从各自的债务人财产中获得清偿。但是，针对破产企业和关联企业间因相互担保、资金拆借等产生的内部债务，法院可在评估之后裁定是否将其清偿顺序劣后于普通债权处理。在我国司法实践中，程序合并重整模式以“无锡天然纺织实业有限公司等企业程序合并重整案”为代表，该案件中三家破产纺织企业虽然在业务中存在一定关联，但是并没有充分证明三家企业为关联公司，因此无法启动实质合并重整程序。在此情况下，无锡市中级人民法院将三个破产案件进行程序合并，并且认定三家企业间利用关联关系等形成的债权劣后于普通债权人清偿，平衡了债权人之间的清偿比例，最终招募投资人一并受让了三家破产公司的股权。

二、我国现有法律对关联企业破产的规定

从我国《破产法》正文来看，并没有对关联企业或集团性企业破产进行规定，只有在《全国法院破产审判工作会议纪要》（以下简称“《纪要》”）第六章“关联企业破产”中，才对破产关联企业的处理、合并破产/重整等实务性要求进行了解释。具体内容包括：关联企业实质合并破产的审慎适用、实质合并申请的审查、裁定实质合并时利害关系人的权利救济、实质合并审理的管辖原则与冲突解决、实质合并审理的法律后果、实质合并审理后的企业成员存续、关联企业破产案件的协调审理与管辖原则、协调审理的法律后果等。

除一些程序性条款外，法条核心内容在于界定关联企业的范围及判断标准，以及实质合并审理情况下破产公司及关联公司的债权债务处理问题。从关联企业的界定来看，法条表述为“关联企业成员之间存在法人人格高度混同、区分各关联企业成员财产的成本过高、严重损害债权人公平清偿利益”。《纪要》还增加了“债权人整体清偿利益、增加企业重整的可能性”等具有实务价值的考量因素，总的来说与《公司法》中判断是否需要“法人人格否认”的条件相似。从破产公司及关联公司的债权债务处理来看，法条表述为“各关联企业成员之间的债权债务归于消灭，各成员的财产作为合并后统一的破产财产，由各成员的债权人在同一程序中按照

法定顺序公平受偿。采用实质合并方式进行重整的，重整计划草案中应当制定统一的债权分类、债权调整和债权受偿方案”。基本明确了对关联公司债权债务一视同仁、统一处理的基本原则。

总的来说，《纪要》的规定更加倾向于对实质合并重整模式进行规范。法条针对实质合并重整模式中核心的关联企业认定标准、管辖法院、利害关系人听证等问题进行了规定，但规定内容泛化、内容难以适配实务需要等问题仍然较为明显。

三、实质合并重整与程序合并重整的模式选择

笔者认为，实质合并重整与程序合并重整的模式选择需要从破产企业及其关联企业的法律关系、综合偿债率、债权人利益保护等方面考虑。

首先，需要区分破产企业的关联企业以明确财产范围。根据《纪要》规定，首先要从公司法人人格否认出发，否定各关联企业的独立法人地位。因此，需要从企业间财产混同、人格混同、业务混同等多角度出发综合判断是否需要否定关联企业的独立法人地位。具体而言，考量因素包括公司是否共用管理团队、财务是否混同、是否存在业务输送等情况。从经济效率方面，需要考量关联企业债权债务认定及后续受偿的价值比较，以及增加企业重整的可能性。在综合考虑以上因素的情况下，需要对破产企业的关联企业进行区分，如果可以对关联企业进行法人人格否认则可以考虑引入实质合并重整模式，对破产企业和关联企业的财产进行合并处理；如果经过审查，关联企业与破产企业间不存在人格混同、财务混同等情况，则不能将破产企业与关联企业的财产与债权债务合并处理，但可以考虑引入程序合并重整提高司法审判效率，或是将关联企业与破产企业间因资金拆借、担保等产生的内部债务剥离后，劣后于普通债权受偿，再行考虑重整事宜。

其次，需要考量重整过程中综合偿债率的影响。由于债权人的利益

诉求千差万别，关联企业的债权人与破产企业的债权人在偿债比例上需要根据企业经营状况和原有偿债能力综合考量。实质合并重整虽然可以将破产企业和关联企业的财产合并处理，但是各个关联企业的债权人偿债比例本身就有所差别。在打破关联企业的独立法人地位之前，关联企业的债权人根据其债务性质和金额可能不会受到破产企业的影响，即使受到影响其清偿顺位及清偿比例也会有所不同。由于破产企业往往资不抵债，其债权人也无法从现有财产中得到合理清偿，一旦将关联企业的财产与破产企业合并处理，破产企业的债权人就有机会从其他关联公司的财产中获得一定清偿。在破产企业债权人偿债率提高的同时，关联企业的债权人偿债率必然受到影响，不同清偿顺位的债权重新组合后，很有可能导致关联企业的债权人本来能够得到的清偿财产在实质合并重整后清偿比例下降。因此，在选择合并重整模式时，不能仅仅为了救活破产企业而忽视了综合偿债率的问题，无法保障关联企业债权人合法权益或过于倾向保护破产企业债权人的权益均有悖于重整程序的基本原则。在此情形下，开展程序性合并重整不失为一种两全其美的方法，通过剥离破产企业和关联企业间的内部债务后，再由各个企业的债权人从独立的企业财产处获得清偿。这样一方面可以尊重关联企业的独立法人地位，另一方面也可以剥离不合理的内部债务，提高各个关联公司债权人的偿债比例。

最后，需要明确保护债权人合法权益的核心地位。从现有的合并重整案例来看，法院在裁定实质合并重整或程序合并重整时均需要经过慎重的调研和摸排。只有在确认企业间确实存在财务混同、人员混同等情形，且进行合并重整后可以更好地保护债权人合法权益时，才会引入实质或程序合并重整模式。在合并重整开始后，关联企业的确认、剩余财产的处理、债权顺位的排列均会影响债权人合法权益的保障，如何在破产企业债权人和关联企业债权人之间进行利益平衡、在债权人和投资人之间进行利益平衡是一项谨小慎微的工作。上述工作的核心问题必须围绕尽可能保障债权人合法权益展开，如果仅仅为了救活破产企业而侵害了债权人的合法权益有违重整制度存在的基本原则。

四、总结

实质合并重整与程序合并重整的主要区别在于是否对破产企业和关联企业财产进行合并处理，而选择适用何种合并重整模式的主要考量标准在于破产企业和关联企业之间是否存在可以进行法人人格否认的情形。只有在保障债权人合法权益的核心目标下，才可以通过引入投资人、剥离旧有债务等形式积极寻找可行的重整计划，进而通过合并重整的模式挽救破产企业。

从“海航案”看实质合并破产重整制度的适用

杨文珺、刘海川

“海航破产重整事件”自发生以来保持了极高的公众关注度，作为企业界的庞然大物，海航破产重整的每一个步骤都牵动着相关行业的巨额经济利益。截至 2021 年 3 月 15 日，海南高院裁定的海航破产重整公司已经达到 378 家，其中不乏三亚凤凰机场、博鳌机场，甚至海口美兰机场这样的机场板块企业。海南高院如此大刀阔斧地对海航进行破产重整，从经济角度来看，说明海航的债务状况已经积重难返，不对海航系企业进行刮骨疗伤难以解决现实问题；从公司结构来看，海航实际控制了大量关联企业，盘根错节的公司架构必然牵一发而动全身；从制度适用来看，在结合破产法中关联企业合并破产重整制度的基础上，海南高院选择对海航系企业进行甄别，对其中的重点关联企业进行集中处理。作为专业从事破产法律业务的律师，需要明确本案处理中的“痛点”：关联企业、集团性企业在经营不当导致破产风险来临时，如何利用实质合并破产重整制度挽救公司，或是尽最大可能保护债权人利益。

一、实质合并破产重整制度的法律基础

通俗来说，实质合并破产重整制度是建立在破产企业不恰当利用关联公司进行经营，或是处理债权债务的基础上，为了进一步梳理破产企业财产及更全面地保护债权人利益，对破产企业及其关联企业进行一并处理的破产法律制度。从我国《企业破产法》正文来看，并没有对关联企业或集团性企业破产进行规定，只有在《全国法院破产审判工作会议纪要》（以下简称“《纪要》”）第六章“关联企业破产”中，才对破产关联企业的处理、实质合并破产等实务性要求进行了解释。具体内容包括：关联企业实质合并破产的审慎适用、实质合并申请的审查、裁定实质合并时利害关系人的权利救济、实质合并审理的管辖原则与冲突解决、实质合并审理的法律后果、实质合并审理后的企业成员存续、关联企业破产案件的协调审理与管辖原则、协调审理的法律后果等。

除却一些程序性条款外，法条核心内容在于界定关联企业的范围及判断标准，以及实质合并审理情况下破产公司及关联公司的债权债务处理问题。从关联企业的界定来看，法条表述为“关联企业成员之间存在法人人格高度混同、区分各关联企业成员财产的成本过高、严重损害债权人公平清偿利益”，《纪要》还增加了“债权人整体清偿利益、增加企业重整的可能性”等具有实务价值的考量因素，总的来说与《公司法》中判断是否需要“法人人格否认”的条件相似。从破产公司及关联公司的债权债务处理来看，法条表述为“各关联企业成员之间的债权债务归于消灭，各成员的财产作为合并后统一的破产财产，由各成员的债权人在同一程序中按照法定顺序公平受偿。采用实质合并方式进行重整的，重整计划草案中应当制定统一的债权分类、债权调整和债权受偿方案”，基本明确了对关联公司债权债务一视同仁、统一处理的基本原则。

在海南省高级人民法院公布的海航首批 64 家公司的重整申请中，共

分为总公司及产业投资集团、上市公司（海航股份）及其控股子公司、上市公司（供销大集）等商业零售公司、上市公司（海航基础）等开发公司，上述公司与后续第二批 321 家存在高度关联性的公司构成了海航进行实质破产重整的共同体。

二、实质合并破产重整制度的问题所在

1. “关联企业”概念不统一

从关联企业的概念来说，《企业破产法》中并没有对此进行明确规定，甚至在我国商事立法中都没有统一的“关联企业”概念。笔者统计了我国法律中部分有关“关联企业”或“关联关系”的定义，列表如下。

表 2 我国法律中有关“关联企业”或“关联关系”的定义

法律法规	《公司法》第二百一十六条第（四）项“关联关系”
定义	是指公司控股股东、实际控制人、董事、监事、高级管理人员与其直接或者间接控制的企业之间的关系，以及可能导致公司利益转移的其他关系。但是，国家控股的企业之间不仅因为同受国家控股而具有关联关系。
法律法规	《关于完善关联申报和同期资料管理有关事项的公告》第二条、第三条“关联关系”
定义	（一）一方直接或者间接持有另一方的股份总和达到 25% 以上；双方直接或者间接同为第三方所持有的股份达到 25% 以上。如果一方通过中间方对另一方间接持有股份，只要其对中间方持股比例达到 25% 以上，则其对另一方的持股比例按照中间方对另一方的持股比例计算。两个以上具有夫妻、直系血亲、兄弟姐妹以及其他抚养、赡养关系的自然人共同持股同一企业，在判定关联关系时持股比例合并计算。 （二）双方存在持股关系或者同为第三方持股，虽持股比例未达到本条第（一）项规定，但双方之间借贷资金总额占任一方实收资本比例达到 50% 以上，或者一方全部借贷资金总额的 10% 以上由另一方担保（与独立金融机构之间的借贷或者担保除外）。

	（三）双方存在持股关系或者同为第三方持股，虽持股比例未达到本条第（一）项规定，但一方的生产经营活动必须由另一方提供专利权、非专利技术、商标权、著作权等特许权才能正常进行。 （四）双方存在持股关系或者同为第三方持股，虽持股比例未达到本条第（一）项规定，但一方的购买、销售、接受劳务、提供劳务等经营活动由另一方控制。上述控制是指一方有权决定另一方的财务和经营政策，并能据以从另一方的经营活动中获取利益。 （五）一方半数以上董事或者半数以上高级管理人员（包括上市公司董事会秘书、经理、副经理、财务负责人和公司章程规定的其他人员）由另一方任命或者委派，或者同时担任另一方的董事或者高级管理人员；或者双方各自半数以上董事或者半数以上高级管理人员同为第三方任命或者委派。 （六）具有夫妻、直系血亲、兄弟姐妹以及其他抚养、赡养关系的两个自然人分别与双方具有本条第（一）至（五）项关系之一。 （七）双方在实质上具有其他共同利益。 仅因国家持股或者由国有资产管理部门委派董事、高级管理人员而存在本公告第二条第（一）至（五）项关系的，不构成本公告所称关联关系。
法律法规	《上市公司信息披露管理办法》第七十一条第（三）款“关联法人”
定义	1. 直接或者间接地控制上市公司的法人； 2. 由前项所述法人直接或者间接控制的除上市公司及其控股子公司以外的法人； 3. 关联自然人直接或者间接控制的，或者担任董事、高级管理人员的，除上市公司及其控股子公司以外的法人； 4. 持有上市公司 5% 以上股份的法人或者一致行动人； 5. 在过去 12 个月内或者根据相关协议安排在未来 12 月内，存在上述情形之一的； 6. 中国证监会、证券交易所或者上市公司根据实质重于形式的原则认定的其他与上市公司有特殊关系，可能或者已经造成上市公司对其利益倾斜的法人。

法律法规	《中华人民共和国税收征收管理法实施细则(2016修订)》“关联企业”
定义	关联企业是指在资金、经营、购销等方面存在直接或者间接地拥有或者控制关系，或者直接或者间接地同为第三者所拥有或者控制，或在利益上具有相关联的其他关系的公司、企业和其他经济组织。

可以看出，我国立法中没有使用统一的“关联企业”概念，而是在不同法律中使用了相似的字眼进行替代。非上市公司与上市公司对关联的认定有所不同，会计上与法律上对关联的认定亦有所不同。上述法律法规中对“关联”的认定目的与《破产法》并不相同，直接套用相关概念解释破产程序中的关联公司较为不妥。律师认为，应当从破产企业与关联企业的股权架构、人员组成、财务关联度出发，在考虑破产公司对关联公司实际控制能力的基础上制定适合破产重整程序的“关联企业”定义，以防一些正常经营的企业因表面上的“关联”被破产企业拉下水。

2. 各地法院对实质合并破产重整的适用标准不统一

不论在《纪要》出台前后，在判断一家企业是否需要根据实质合并破产重整的要求进入破产保护时，“人格混同”都是适用该制度的重要标准，甚至在某些破产案件中，发现公司之间共用员工、高管即会直接判断该企业属于制度的适用范围。在《纪要》颁布之后，人民法院需要综合考虑关联企业间的资产混同与持股时间、各企业间的利益关系、债权人整体清偿利益及增加企业重整的可能性。虽然从类型上，《纪要》在人格混同的基础上增加财产混同、重整可能性等要素，但是各个要素之间并没有位阶之分，人格混同、财产混同的标准也并未统一，重整可能性这种宽泛的表述更不能具体指导案件审理进程。即使法院愿意综合考虑上述因素判断是否需要对企业进行实质合并破产重整，也会因为缺少具体标准而在进行评估判断时更加保守。与此同时，“关联企业破产”在破产程序中的地位愈加突出，仅仅依靠《纪要》难以对各类新型案件进行处理，需要制定更高层级的法律法规。

3. 债权人保护制度存在显著缺失

在实质合并破产重整程序中，债权人的利益如何进一步保障，在《纪要》中并没有进行规定。从利益分配来说，债权人自然愿意看到破产企业将更多的关联公司代入破产程序中，这样债权人可以分配的“蛋糕”会进一步变大，普通债权人更有机会从已经资不抵债的公司资产中取得相应的利益。但是，法律并未规定债权人申请法院启动实质合并破产重整的程序要求，也没有对哪些债权人可以申请法院启动程序进行规定，更没有对实质合并破产重整的管辖法院进行规定。因此，从程序要求来看，为了进一步保障债权人利益，需要对实质合并破产重整的启动程序、申请主体、举证方式、材料要求，乃至管辖法院及审核要求等规定进行全面、规范的拟定，从形式要件上为制度的后续改进打下基础。

更加值得注意的是，实质合并破产重整制度牵扯的不仅仅只有某一家公司的债权人。当破产企业和关联企业的债务合并处理后，各个债权人之间的利益冲突在所难免，尤其是破产企业债权人和关联企业债权人之间的利益冲突尤为显著。因此，管理人如何平衡债权人间的利益分配是一项极具挑战性的工作。

三、“海航”案给实质合并破产重整制度的启示

海航破产重整将 378 家企业“拖下了泥坑”，证明了企业界的庞然大物也不是经久不衰。在公司管理出现问题、投资失败、转型不及时的情况下都有可能导致公司破产的不利后果。但是，如果海航真的进行了破产清算，不仅广大债权人的利益无法得到保障，而且会产生大量的就业问题。在这样的情况下，将海航及其关联企业合并处理进行重整不仅可以保留现存的优质资产，还可以剥离旧有债务、更换新的管理层，从根本上挽救这样一个庞然大物，实质合并重整的优越性在此得到了充分体现。

不仅仅是海航，很多企业在破产之前都与其关联企业有着相互担保

的情况，由此产生了大量的关联企业内部债务。通过实质合并破产重整程序，一方面可以理清破产企业与其关联企业间的内部债务，另一方面可以明确破产企业实际存在的外部债务占比。在对企业债务进行明晰的基础上，利用实质合并破产重整程序将破产企业与关联企业间的内部债务从总债务中剔除，可以更好地评估企业现有资产是否能够覆盖债权人的利益诉求。即使剔除内部债务之后仍然不能使得债权人的合法权益得到全面保障，也可以尽可能多地提高相应外部债权的清偿比例。在此基础上，剥离内部债务的企业资产状况、财务状况会进一步得到改善，一个相对清洁的企业更有利于后续重整程序的开展。

实质合并破产重整的首要要求是区分破产企业的关联企业。在海航的 378 家关联公司中，有机场板块，也有零售、房地产板块，这些企业无一例外都与海航有着千丝万缕的联系。海航通过委派管理人员、股权收购等模式实际控制或影响了相关企业。举例而言，海航机场集团仅持有海口美兰机场 18.1677% 的股份，但是其管理、招商等完全由海航的团队负责。在这种情况下，海口美兰机场自然难以回避其作为海航关联企业的现状。通过对《纪要》中"关联企业破产"考量条件的审视，可以看出海南省高级人民法院在判断海航的关联企业中着重考虑了"共用管理层""实际负责经营"等类似于企业间人格混同的要件，同时在考量关联公司与海航的财务联系基础上，尽可能地想要挽救关联公司的优质资产。但是，海南省高级人民法院是依据何种具体标准判定关联企业的不得而知，因此在《企业破产法》中补足相应的关联企业破产标准存在必要性。

实质合并破产重整的核心要求在于保障债权人的合法利益。由于海航破产重整还在进行当中，债权人会议也尚未举行，海南省高级人民法院如何界定各类债权的性质，如何对现有债务进行处理都是接下来需要关注的重点。需要明确的是，如果实质合并破产重整不能更加全面地保障债权人合法利益，那该制度的实施就毫无意义。实质合并破产重整制度的目的一方面在于挽救公司，使债权人可以在长期经营中逐步取回自己的损失，另一方面在公司即使通过重整也无法经营的情况下，需要对公司的现有资产及关联资产进行梳理，让债权人尽可能多地取回自身利益。法院及破产管理人在债权申报中，需要依法对债权的类型和清偿顺序进行甄别，在对破产企业债务结构进行分析的基础上考虑引入实质合并破产重整程序的可能。

实质合并破产重整需要在考虑债权人的综合偿债率的基础上，充分考虑增加企业重整的可能性。由于债权人的利益诉求千差万别，关联企业的债权人与破产企业的债权人在偿债比例上需要根据企业经营状况和原有偿债能力综合考量。管理人需要充分听取关联企业债权人的合理诉求，并且可以考虑在表决程序里对部分偿债能力良好的关联企业单设表决组，以防该部分债权人的既有利益因为债务统一清偿而贬损。破产企业重整的基础是对债权人利益的有效保障，既不能仅仅为了重整而忽视关联企业债权人的既有利益，也不能循规蹈矩忽视了企业重整的可能，应当在尽可能提高企业偿债率、保护债权人合法权益的基础上寻找企业重整的机会和可能，在保护企业优质资产的基础上处理破产企业的债权债务问题。

四、总结

海航破产重整案是实质合并破产重整制度在实务中的一个缩影，充分体现了破产程序中破产企业与关联企业一并处理的必要性。虽然实质合并破产重整制度在《企业破产法》中还没有得到体现，但是从债权债务公平处理、债权人利益保护，乃至提高破产案件审理专业化的角度出发，该制度需要从法律层面上进一步深化。在越来越多的破产企业需要通过实质合并破产重整制度进行处理的当下，人民法院及破产管理人需要在《纪要》规定的基础上，结合具体案情审慎判断关联企业破产的必要性和可能性，从而尽最大可能保障公司及债权人的合法权益。

破产案件中
其他社会中介机构的遴选模式初探

杨文珺、金雪怡

在企业破产案件中，律师事务所来担任破产管理人不在少数，但是破产案件工作繁杂,除了需要以律师事务所为主导的管理人处理法律问题，还需要其他各类具备专业技能的社会中介机构参与破产程序，例如审计、评估、审价等机构辅助管理人参与破产程序。本文将从律师事务所担任管理人的角度，从破产案件中其他社会中介机构的遴选模式出发，对其参与破产程序的必要性、现有模式及未来展望等进行分析。

一、其他社会中介机构加入破产程序的必要性

在企业破产案件中，以律师事务所为主导开展破产工作，律师的专长在于处理法律问题，对于较为专业的财务审计、资产评估问题，在必要时需要相关的专业中介机构进行审计、评估并出具专业的报告文书，其他中介机构参与破产程序协助管理人完成特定任务更有利于破产程序的有序推进。

其他中介机构参与破产程序的主要原因在于破产案件本身具有复杂

性、综合性的特点，往往需要复合型的知识储备才能应对破产程序中法律、财务、税务、商业谈判等多方面的问题。尤其是房地产企业破产案件中，案件往往呈现债权债务关系复杂、企业间资金往来频繁等现象，此时需要审计机构对破产企业的财务状况进行审计以便于管理人对破产企业的财务状况有更为直观、深入、清晰的了解，从而厘清破产企业财务状况。同时，对于房产企业开发的房地产项目仍有剩余房屋未销售的，管理人在处置资产前往往需要专业的评估机构对房屋价格进行评估，以确保财产变价方案的合理性、公允性，并且在后续资产变价中可能还需要专业拍卖机构协助进行资产拍卖。另外，如破产房地产企业还存在建设工程合同纠纷的，工程审价、工程质量鉴定更加需要专业的专门中介机构参与。

从破产实践来说，现阶段担任破产管理人的主要为律师事务所、会计师事务所和破产清算事务所，且除了设置联合管理人外，一个破产案件的管理人往往是单一的管理人，在非管理人专业领域内的破产事务往往需要聘请其他的中介机构辅助管理人完成专业事项。再回到联合管理人这一模式，虽然联合管理人达到了优势互补的功效，上海地区一些体量较大的破产案件也应用了联合管理人这一模式，但是因为联合管理产生的矛盾也在破产实务中凸显，如何协调联合管理人之间的分工协作，如何避免联合管理人之间互相推诿责任也成了随之而来的巨大考验。

《企业破产法》第 25 条第 1 款规定“调查债务人财产状况，制作财产状况报告”，诚然制作财产状况报告并不等同于必须由专门审计机构对破产企业的财务状况进行审计并出具报告，但是在破产实务中，部分债权人往往会对管理人出具的财产状况报告提出质疑，要求专门中介机构出具相关报告，专业机构出具的报告书往往更具说服力。在此情况下，鉴于管理人可能不具备出具审计、评估、审价等报告书的资质，聘请第三方中介机构参与破产程序成为必经之路。

二、现行常见的其他社会中介机构的遴选模式

1. 法院直接遴选模式

所谓的法院直接遴选模式，是指法院在审理破产案件过程中，根据破产案件实际情况或者经管理人申请，在相应的中介机构备选库中以摇号的方式直接选取审计、评估、鉴定等中介机构参与破产案件，协助管理人完成专项任务。

此模式的优势在于由法院直接摇号产生其他中介机构，选取结果是完全公允公正的，避免了中介机构通过不法手段谋取利益。但是此种模式的弊端也是显而易见的，这种模式完全为盲选状态，随机选取的中介机构未必是最为合适的。尤其是在房地产企业破产案件中，对于不动产类资产（包括但不限于国有土地使用权、房屋、在建工程等）评估往往需要在这一领域内具有相关经验的评估机构，其评估结果更加具有可参考性。另外，以此模式遴选中介机构还可能导致其与管理人之间的权利及责任冲突。法院直接遴选出的其他中介机构与管理人之间是否有隶属关系？其他中介机构独立执业与协助管理人工作如何协调？其他中介机构是否就其工作成果向管理人负责？在我国现行的法律法规中并未对此进行明确规定，导致在破产实践中此模式下管理人与其他中介机构的关系界定、责任认定较为模糊。

2. 管理人公开遴选，法院监督的模式

此模式是指在法院审理破产案件过程中，接受指定的管理人根据案件情况在取得法院许可后，以管理人的名义发布中介机构遴选公告，通过公开招募方式比选确定其他中介机构协助管理人工作。管理人还需将评选结果以书面申请方式提交法院，经法院确认后方可聘用遴选出的其他中介机构。

首先，此种模式下赋予了管理人更多的选择权与话语权，管理人直

接参与了其他中介机构的遴选，在管理人充分了解破产企业现状及对参选的中介机构进行合理调研的情况下，更有助于遴选出更适配于管理人工作要求的中介机构。其次，管理人遴选出的中介机构，必然要就其工作成果对管理人负责，管理人作为破产案件的主导者，就中介机构的工作成果对债权人及法院负责，同时协调各方工作，保障中介机构能够及时获取工作所需的文件资料，与各方有效沟通从而提高工作效率。最后，不得不承认这种模式下虽然有法院进行监督，但也无法完全杜绝管理人与其他中介机构之间的利益输送。实际操作中，可以考虑让债务人、债权人共同参与管理人对中介机构的遴选过程。

3. 管理人推荐，法院决定的模式

该种模式下，由管理人根据案件实际情况向法院推荐 2 个或 2 个以上的适格的其他中介机构，由法院从中指定 1 个中介机构参与破产案件。相较于前一种模式，此模式下管理人的权限被缩小，仅有提名其他中介结构的权利，而最终决定权在于法院，但法院也只是在管理人提供的名单中做选择。

此模式下优缺点与第二种模式类似，同样有利于选出适格的其他中介机构。但利益输送的问题同样无可避免。

三、其他社会中介机构未来遴选模式的展望

如前述，无论是何种遴选模式，都各有利弊。既如此，法院是否可以参照设置破产案件管理人备选名册的方式，另行设置一个除管理人外的其他社会中介机构备选名册。法院可以根据破产案件的特殊性及实务需求，将其他社会中介机构进一步划分为破产案件审计机构备选名册、破产案件评估机构备选名册、破产案件鉴定机构备选名册等。如此一来，届时破产案件如需要进行审计、评估、鉴定等专业事项，管理人可以就每个破产案件的特殊需求，选取最为适格的中介机构协助完成。在备选名册设置完成

的情况下，可以对现有备选机构的资源信息进行整合，按照其擅长的领域进行细分，届时例如房地产企业破产案件中有不动产类资产需要评估则可以根据细分的名册直接从中进行遴选，不仅提高了其他中介机构选取的适格性，还能够确保每个中介机构术业有专攻，最大程度弥补管理人相关知识的欠缺，提升破产程序的高效性。

在目前的破产实务中，具有其他社会中介机构选择权的主体主要是法院及管理人，假设在其他中介机构备选名册设置完成并进行细分的情况下，是否可以开放推荐中介机构的权利给债权人，这样在一定程度上保障了债权人对于破产程序中各类信息的知情权，同时也可以使其参与到中介机构从产生到提交工作成果的全过程。

依据备选机构名册，由管理人申请或债务人推荐，再由法院进行选定，最后由管理人与其他中介机构签署聘用合同。此模式下，管理人与其他中介机构的主、辅关系明确，也符合《全国法院破产审判工作会议纪要》对于管理人作为破产案件主要执行者的地位规定。其他中介机构就工作成果对管理人负责，管理人做主导者就破产事务对法院和债权人负责，有效避免了管理人与其他中介机构互相推诿。

四、结语

综上所述，既然除管理人以外，其他社会中介机构参与破产程序具有一定的必然性，如果能够在现有的其他社会中介机构资源的基础上进行整合，建立完善的备选其他社会中介机构名册及细分名册，不仅能够提升破产程序的高效性、公正性，还能够明确管理人与其他中介机构之间的权责关系，提升破产案件办案质量。

浅析债权人委员会之作用与价值

杨文珺、刘海川

在我国《企业破产法》立法中，可以被称为“债权人委员会”的主要有如下两类：一是破产程序中具有法定职权的“债权人委员会”；二是依据《金融机构债权人委员会工作规程》设立的金融机构债权人委员会。前者是全体债权人中所推选出的代表，依据《企业破产法》赋予的职权依法行使监督管理职能，后者是自愿参加的全体金融机构债权人的合集，是一种以协商处理债权债务问题为目的的自律性组织。从一般意义来看，破产程序中的“债权人委员会”主要指前者，本文将在梳理有关立法基础和行业规范基础上，对破产程序中债权人委员会的作用与价值进行探讨。

一、有关债权人委员会的立法与行业规范

有关债权人委员会的立法主要出现于《企业破产法》第七章第二节及《关于适用 < 中华人民共和国企业破产法 > 若干问题的规定（三）》（以下简称“破产法解释三”）。从本地区来看，《上海市高级人民法院破产审判工作规范指引（试行）》（以下简称“破产工作规范”）及《上海市破产管理人协会破产案件管理人工作指引（试行）》（以下简称“管理人工作指引”）对债权人委员会的标准、程序等问题进行了进一步的

细化。

根据《企业破产法》的规定，债权人会议可以决定设立债权人委员会，其总人数不得超过 9 人，需包含一名债务人的职工代表或者工会代表，所有成员应当经法院书面决定认可。“破产工作规范”第七节第十二条进一步释明了债权人会议可以根据实际情况决定是否设立债权人委员会及其成员，简化审理程序的破产案件一般不设立债权人委员会。

从议事规则来看，“破产法解释三”第十四条规定债权人委员会决定所议事项应获得全体成员过半数通过，并做成议事记录，成员对决议有不同意见的应当载明。“破产工作规范”第七节第十三条进一步明确了债权人委员会表决实行一人一票，所议事项应获得全体成员过半数通过。

从职权来看，债权人委员会行使包括监督债务人财产的管理和处分、监督破产财产分配、提议召开债权人会议、债权人会议委托的其他职权在内的相应法定职权。此外，根据“破产法解释三”第十三条，债权人会议可以委托债权人委员会行使《企业破产法》第六十一条第一款第二、三、五项规定的债权人会议职权，即申请人民法院更换管理人，审查管理人的费用和报酬、监督管理人、决定继续或者停止债务人的营业。《企业破产法》及“破产工作规范”均强调了债权人会议委托债权人委员会行使其他职权的，不得对其职权进行概括性授权，即债权人会议必须给予债权人委员会明确的职权授权，不可模棱两可含糊其辞。在《管理人工作指引》中，债权人委员会的作用被进一步突出，针对管理人进行财产状况调查、处分债务人重大财产等情况，债权人委员会的监督职能被进一步加强。

与此同时，债权人委员会执行职务时，有权要求管理人、债务人的有关人员对其职权范围内的事务作出说明或者提供有关文件。债权人委员会认为管理人实施的处分行为不符合债权人会议通过的财产管理或变价方案的，有权要求管理人纠正。管理人拒绝纠正的，债权人委员会可以请求人民法院作出决定。

二、债权人委员会的作用与价值

债权人委员会制度设置的初衷在于：债权人可以通过选任代表组成代表各类债权人的组织与管理人沟通处理债权债务问题，从而监督保障管理人工作的有效进行。因此，高效、公平成为债权人委员会设立和运作的核心价值。

1. 债权人委员会设置与否应当以效率优先

从《企业破产法》及“破产工作规范”的表述来看，债权人委员会并非破产案件推进中的必备组织。如果破产案件本身并不复杂、债权人数量较少，或是债权人多为同一类型的债权人，则设置债权人委员会的效用并不明显。在破产实务当中，债权人会议最终决定设立债权人委员会的案例中大多体现出如下特点：公司规模较大、债权人数量众多、债权类型众多、案件社会影响较大。达到一定规模的公司进入破产程序必然招来社会关注，公司债权人数量、债权种类自然也会随着公司体量的增长同比上升。在此情况下，管理人在申报债权、整理债权人请求，乃至与债权人沟通时的工作量都会非常之大，并且，所有债权人都会盯着管理人的工作。在面对纷繁复杂的债权债务状况时，管理人自然不可能简简单单通过债权人会议来解决案件中的争议。因此，通过设置债权人委员会来加强债权人、债权人会议与管理人的沟通，同时监督管理人工作是否称职成为该类破产案件有序、高效推进的必要方式。

从案例来看，以财务造假一案受到关注的康美药业为例，2021 年 6 月 4 日康美药业收到广东省揭阳市中级人民法院裁定受理债权人广东揭东农村商业银行股份有限公司对康美药业的重整申请，就目前业界传闻来看，康美药业所负债务中包括金融债权、职工债权、带抵押的债权在内的债务总量不在少数。从现阶段来看，康美药业这样的前上市公司面临破产，成立债权人委员会处理破产重整事宜已是大概率事件。又如，上海破产法庭年度案例“天海融合防务装备技术股份有限公司重整案”中，由于天海融合大量负债不断涉诉、涉执，债权人到期债权共计 101,527.92 万元（其中担保债权 34,190 万元），为了推进破产重整程序以防损失扩大，债权人会议也决定设立债权人委员会配合管理人工作。

2. 债权人委员会成员选任应当以公平优先

由于债权人委员会成员不得超过 9 人，成员若为双数又可能产生投票僵局，因此实践过程中债权人委员会多以 5 人或 9 人的形式展现。在有限的名额中，平衡各类型债权人的合法权益和投票权重是债权人委员会成员选任的重点，债权人代表既要有广泛性又需要在权重上保持平衡。债权人委员会成员一方面需要代表相应的债权人群体与管理人沟通，及时将破产法院、管理人的工作进程和债务处理意见反映到债权人中；另一方面也需要代表债权人监督管理人的工作，如果发现管理人有不当操作及时要求其作出解释，并视情况决定是否向法院报告并由法院责令管理人停止财产处分行为。因此，债权人委员会成员一方面需要涵盖各类债权人代表，另一方面也需要不受干扰愿意积极履行职责的债权人出面沟通。

由于《企业破产法》规定债权人委员会需包含一名债务人的职工代表或者工会代表，因此职工债权的代表可以考虑与此固定名额合并。剩余债权中按类型大体可以分为普通债权、金融债权、带抵押的债权、工程款债权等。上述债权中工程款债权、带抵押的债权基于法律规定享有优先受偿的地位，金融债权往往也属于带抵押的债权范畴。从债权总量来看，金融债权往往组成了破产公司所负债务的大部分金额，因此金融机构在最终债权人会议中的投票权重往往很大，如何保障金融机构的债权受偿是破产程序中的重要问题。因此，在组成债权人委员会时，金融债权代表往往占据一席之地，更有一些金融债权代表可以在债权人委员会中担任主席。除此之外，根据个案中不同类型债权所占比例，可以根据实际情况选择适当的债权人作为相应组别的代表组成债权人委员会。对管理人而言，债权人委员会成员要有一定的代表性,从而合理维护各个类型债权人的合法权益,在充分沟通的基础上促使最终债权人会议方案通过。

以江苏法院金融审判代表案例“江苏鑫吴输电设备制造有限公司破产重整案”为例，江苏鑫吴金融债权合计2.6亿元，占债权总额的51.18%，涉及中国银行、光大银行、江苏银行等13家金融机构，占债权人总数的12.26%。吴江法院指定苏州农村商业银行为债权人会议主席，债权人会议决议成立包括2家金融机构在内的5人债权人委员会。在债权人委员会的监督下，管理人根据债权人会议确定的程序和规则公开招募投资人，并最终选定条件最优的重整投资人，引入偿债资金2.95亿元。在最终达成的破产重整计划中，担保债权、职工债权、税款债权获得全额清偿，普通债权30万元以下部分全额清偿。本案是债权人委员会在破产重整程序中发挥良好作用的典型代表，亦说明规模化企业、有重整可能的企业在处理债权债务问题时，通过设立债权人委员会加强债权人和管理人、法院、破产公司的沟通，可以更高效地处理债权债务问题。

3. 债权人应借助债权人委员会促使债权实现

基于债权委员会的法定职权，债权人通过加入债权人委员会或推选代表加入债权人委员会，对于后续理清破产企业债务状况、减少债权人额外损失、推进债权尽快兑付都具有显著意义。对于管理人而言，构成合理、严格履职的债权人委员会可以协助管理人工作的开展，亦可以增加最终方案通过的可能。但是，担任债权人委员会成员权利与义务并存，如果债权人委员会成员不能付出相应时间、精力代表相应的债权人群体进行沟通、监督，则不能保证债权人委员会决策的公平性与合理性。

在破产案件之初，债权人在申报债权后可以积极联系管理人，知晓本案成立债权人委员会的可能及倾向，如管理人在上报法院后认为债权人委员会的成立具有可行性和必要性，则债权人可以毛遂自荐或联系其他债权人共同推举相关人员担任债权人委员会成员。在债权人委员会正式组成后，债权人委员会成员需要积极履行相应的法定职权，特别是对管理人、债务人的监督义务，尽可能地加强债权人与管理人、法院、债务人的信息沟通，以免债权人在破产程序中的知情权受到限制。同时，债权人可以通过债权人委员会向相关主体进行询问或提出自己的合理诉求，督促破产程序在法律框架下高效、公平的推进。此外，针对破产重整程序中引入投资人的问题，债权人委员会可以考虑代表全体债权人参加引入外部投资的先期谈判，在框架上起到监督重整计划制定和实施的重要作用。在此基础上，债权人委员会可以最大程度保障、监督债权人合法权益的公平受偿，亦可以提前为债权人会议过目、把关。

三、总结

在现阶段破产案件过程中，通过设置债权人委员会来保障破产程序高效、公平运作的案例越来越多。债权人委员会既需要发挥监督职能，保障债权债务处理工作的公平合理，亦需要发挥债权人与管理人、法院、公司、投资人之间的桥梁作用，保障债权人的知情权。在兼顾公平与效率的基础上，债权人委员会可以有效推进破产程序进程，从而尽可能提高债权人受偿比例，进而维护广大债权人的合法权益。

房地产企业破产中
管理人行使合同解除权的限制初探（一）
——商品房买卖合同的解除限制

杨文珺、金雪怡

我国《企业破产法》第十八条规定："人民法院受理破产申请后，管理人对破产申请受理前成立而债务人和对方当事人均未履行完毕的合同有权决定解除或者继续履行，并通知对方当事人。管理人自破产申请受理之日起二个月内未通知对方当事人，或者自收到对方当事人催告之日起三十日内未答复的，视为解除合同。"从该条文可以得出，第十八条赋予了管理人选择权，可以选择继续履行合同或者是解除合同。该条款的目的在于使破产财产的价值最大化从而实现公平清偿，最大程度地保护全体债权人利益，但是无论是《企业破产法》还是相关的司法解释都未对管理人合同解除权的准用规则进行明确规定，进而在实务操作中导致滥用合同解除权而损害债权人、其他相关人甚至公共社会利益。本文将以房地产企业破产为例，针对房地产企业破产中常见的商品房买卖合同解除权的限制进行阐述。

一、破产程序中合同解除权的准用范围

在我国《企业破产法》中，尚未对破产程序中合同解除权的准用范围进行明确的法律界定。根据《企业破产法》第十八条的规定，破产程序中管理人能够行使合同解除权的合同是指破产申请受理前成立而债务人和对方当事人均未履行完毕的合同。因此可以得出，破产程序中管理人合同解除权的适用合同范围必须满足如下条件：①合同成立的时间要件，合同必须是破产申请前成立的；②合同必须是双务合同，即破产债务人与合同相对方签订的互负对待给付义务的合同；③必须是双方均未履行完毕的合同；④合同必须是合法有效的。

二、破产程序中合同解除权的准用标准

1. 破产财产利益最大化

《企业破产法》赋予管理人破产程序中合同解除的目的在于使破产财产的价值最大化，从而最大限度地保护债权人的利益。管理人在选择是否解除合同时，必须遵从破产法的立法目标，也就是需要充分保证在选择解除合同时以破产财产的保值与增值作为选择的基本标准。我国《企业破产法》虽然未将破产财产的利益最大化作为破产程序中的合同解除权准用标准，但是该法第二十七条规定："管理人应当勤勉尽责，忠实执行职务。"如果管理人解除了一个会给破产财产带来增值效果的双方均未履行完毕的合同，显然违背了我国破产法的立法初衷，有损债权人利益，同时也违背了破产管理人的义务。

2. 利益平衡标准

管理人通常情况下将破产财产的价值作为选择是否解除合同的基本考虑因素，但鉴于企业进入破产程序后，往往会形成复杂的利益关系网络，于是利益平衡标准进一步要求管理人在选择是否解除合同时，不能以损害

合同相对方的利益为代价来为其他债权人谋取利益。管理人虽然要保障破产财产的价值实现最大化，但对于合同相对方利益保护不能过于失衡。

三、房地产企业破产程序中，管理人解除商品房买卖合同的限制

房地产开发企业不同于其他企业，管理人在处理房地产企业破产程序中，合同解除权涉及的合同类型最常出现的有工程建设类合同、商品房买卖合同、不动产租赁合同，而这几类合同管理人在行使合同解除权时，除了考虑《企业破产法》对于合同解除权的特殊规定及实现破产财产的价值最大化外，还应考虑维稳、农民工利益及保障居住权等问题，即管理人在解除这几类合同时应当受到限制。本文先对管理人对商品房买卖合同行使解除权的限制进行初探。

1. 已办理预告登记的预售商品房合同

我国《民法典》第二百二十一条规定："当事人签订买卖房屋的协议或者签订其他不动产物权的协议，为保障将来实现物权，按照约定可以向登记机构申请预告登记。预告登记后，未经预告登记的权利人同意，处分该不动产的，不发生物权效力。"该条款对于预告登记制度的规定充分体现了对于不动产买受人的利益保护，需要注意的是，虽然预告登记的是债权请求权而不是物权，但法律一定程度上赋予了其物权效力。预告登记的根本目的是为了保护买受人以物权变动为内容的请求权的实现。如果根据《企业破产法》第十八条的规定，管理人可以任意解除已经预告登记的商品房买房合同，那么买受人依照生效的商品房买卖合同请求出卖人办理登记的请求权也随着商品房买卖合同的解除而丧失，买受人希望通过预告登记来保障其物权期待权的目的落空，买受人无法取得房屋的所有权，这明显违背了预告登记制度保障实现物权的目的。所以，笔者认为，在房地产企业（即出卖人）破产时，破产管理人对于已经进行预告登记的商品房买卖合同的解除权应该受到限制，管理人对于合法有效的已经预告登记的

商品房买卖合同，不应当解除。

2. 已付清房款的商品房买卖合同

对于未办理预告登记但已付清全款的商品房买受人，根据《破产法》第十八条规定的破产中合同解除权是针对“破产申请受理前成立而债务人和对方当事人均未履行完毕的合同”，因此种情形下该商品房买卖合同已不属于双方均未履行完毕的合同，而属于单方已履行完毕的合同，管理人不得行使破产合同解除权。

3. 在破产前已交付的商品房买卖合同

已经交付给买受人的房屋，管理人如果选择解除合同，会带来一个很现实的问题，即房屋如何收回。《最高人民法院关于审理企业案件若干问题的规定》第七十一条第六项规定：“尚未办理产权证或者产权过户手续但已向买方交付的财产不属于破产财产。”《最高人民法院关于人民法院民事执行中查封、扣押、冻结财产的规定》第十七条：“被执行人将其所有的需要办理过户登记的财产出卖给第三人，第三人已经支付部分或者全部价款并实际占有该财产，但尚未办理产权过户登记手续的，人民法院可以查封、扣押、冻结；第三人已经支付全部价款并实际占有，但未办理过户登记手续的，如果第三人对此没有过错，人民法院不得查封、扣押、冻结。”根据《最高人民法院关于人民法院办理执行异议和复议案件若干问题的规定》第二十八条规定：“金钱债权执行中，买受人对登记在被执行人名下的不动产提出异议，符合下列情形且其权利能够排除执行的，人民法院应予支持：（一）在人民法院查封之前已签订合法有效的书面买卖合同；（二）在人民法院查封之前已合法占有该不动产；（三）已支付全部价款，或者已按照合同约定支付部分价款且将剩余价款按照人民法院的要求交付执行；（四）非因买受人自身原因未办理过户登记。”故对于已合法交付的商品房，管理人行使破产解除权应受限制。

4. 消费者生存权特别保护

如商品房买受人为消费者，其购房是基于生存需要，相关司法解释对此给予了特别保护。何为“消费者”，根据《最高人民法院关于人民法院办理执行异议和复议案件若干问题的规定》第二十九条规定，对于购买的商品房，符合以下三个条件的，可以排除执行：（一）在人民法院查封之前已签订合法有效的书面买卖合同；（二）所购商品房系用于居住且买受人名下无其他用于居住的房屋；（三）已支付的价款超过合同约定总价款的百分之五十。在实际操作中，凡是符合上述规定的，管理人一般会将购买人认定为消费者，且只要其支付合同价款达到 50% 以上，管理人不会行使破产解除权，以保障消费者的生存所需。那么在司法实践中，对于在破产案件受理时已支付价款未满合同总价款 50% 的购房人权利如何认定呢？笔者认为，在当前立法精神及司法语境下，其权利性质不属于物权期待权。该情形下，在管理人判断是否行使破产解除权时，至少应从两个维度来考虑。其一，管理人应秉承破产企业财产保值增值原则慎重行使破产解除权，具体为四个方面：破产企业所负担的合同义务的性质，合同履行预算的支出，继续履行合同所能获得的收益，解除合同可能承担的损害赔偿责任；其二，实现破产制度的效用，管理人妥善行使破产解除权，应尽快确定债权债务关系、债务履行期限等，以缓解破产案件中各方的利益矛盾，搭建实现企业重整的法律平台。

综上，在房地产企业的破产案件中，管理人应当审慎对待商品房买卖合同中已预告登记 / 已付清房款 / 已交付使用的商品房买卖合同及涉及消费者居住权保障的合同，并应当对管理人的合同解除权加以限制，从而保障实质公平的实现，使得《企业破产法》具有法理上的正当性。此外，管理人不具备利用破产法规定解除合同的权利，并不代表管理人不能依照民法典及相关司法解释及合同约定行使正常解除权或与合同相对方合意解除的相关权利。

房地产企业破产中 管理人行使合同解除权的限制初探(二)
——商业租赁合同的解除限制

杨文珺、金雪怡

我国《企业破产法》赋予了管理人对破产申请受理前成立而债务人和对方当事人均未履行完毕的合同的合同解除权，在《房地产企业破产中管理人行使合同解除权的限制初探（一）》一文中笔者已经对破产程序中合同解除权的准用范围、准用原则进行了详细阐述，本文不再赘述。在此基础上,本文将对于破产程序中商业租赁合同的解除限制进行进一步探讨。我国《民法典》第七百零三条对租赁合同作出定义，租赁合同是出租人将租赁物交付承租人使用、收益，承租人支付租金的合同，同时《民法典》及相关司法解释赋予了其一些特殊规则对承租人进行特殊保护，如“买卖不破租赁”及“承租人的优先购买权”，此次《民法典》还新增了“承租人的优先续租权”。这种特殊保护是否应该对管理人在破产中解除租赁合同形成一定程度的约束和限制？本文主要探讨出租人破产的情形下，管理人应如何行使当事人均未履行完毕的商业租赁合同的合同解除权。

一、我国立法中对于租赁合同的特殊保护

1. 买卖不破租赁

我国《民法典》第七百二十五条规定："租赁物在承租人按照租赁合同占有期限内发生所有权变动的，不影响租赁合同的效力。"《最高人民法院关于审理城镇房屋租赁合同纠纷案件具体应用法律若干问题的解释（2020 修正）》第十四条规定："租赁房屋在承租人按照租赁合同占有期限内发生所有权变动，承租人请求房屋受让人继续履行原租赁合同的，人民法院应予支持。但租赁房屋具有下列情形或者当事人另有约定的除外：（一）房屋在出租前已设立抵押权，因抵押权人实现抵押权发生所有权变动的；（二）房屋在出租前已被人民法院依法查封的。"上述法律规定均确立了"买卖不破租赁"规则，租赁权虽然作为一种债权，但是在我国立法中被物权化，强化了对承租人的利益保护，租赁权的物权化使得出租人将租赁物转让给第三人后，原租赁合同对新的所有人仍然继续有效。

2. 优先购买权

我国《民法典》第七百二十六条规定："出租人出卖租赁房屋的，应当在出卖之前的合理期限内通知承租人，承租人享有以同等条件优先购买的权利；但是，房屋按份共有人行使优先购买权或者出租人将房屋出卖给近亲属的除外。"该条款确认了优先购买权规则，显然该规则的目的也是保护承租人的租赁权，使其租赁权在租赁合同存续期间不受侵犯，从而实现其居住或经营利益。

3. 优先续租权

我国《民法典》第七百三十四条第二款规定："租赁期限届满，房屋承租人享有以同等条件优先承租的权利。"该条规则在民法典中的确立，使得优先续租权由约定性权利成为法定性权利，使承租人的利益进一步受到特殊保护。从这一点可以看出立方趋势是越来越倾向于对承租人利益的

保护，也是对不动产使用价值权能独立性的肯定。

二、外国立法中对于未履行完毕的租赁合同的处理规则

如上所诉，我国《民法典》中赋予了对承租人的特殊保护，体现了债权物权化的立法原理，但在我国《企业破产法》及相关司法解释中对承租人的保护性内容并没有明确规定。因此，笔者查询了国外的相关立法规定。

1. 日本

日本《破产法》第五十六条规定："在出租人破产时，承租人可依租赁权对抗第三人，管理人不得行使合同解除权。"由此可以得出，在日本破产法中认可了"买卖不破租赁"，对破产管理人的解除权进行了限制。另外，日本学界对于租赁合同的解除权还秉持如下法理：当合同解除会给对方带来显著不公时，管理人不得解除该未履行完毕的合同。

2. 德国

德国《破产法》第一百零八条第一款规定："破产时债务人关于不动产标的或房产的使用租赁和收益租赁关系以及债务人的雇佣关系继续有效。" 该条是"买卖不破租赁"在德国破产法中的体现，债务人关于不动产标的或房屋的使用租赁和收益租赁关系以及债务人的雇佣关系以对破产财产具有效力的方式延续，即当破产债务人作为出租人时，应当限制管理人的解除权，未到期的不动产租赁合同不得解除。

3. 美国

美国破产法第三百六十五条 (h) 规定："管理人有权拒绝履行债务人是出租人的未到期的不动产租约，承租人可以选择以拒绝履行为由终止租约，从而搬出该不动产，并就其因租约被拒绝所遭受的损失主张债权；也可以选择保留其依据租约享有的权利 (包括关于支付租金的数额和时间、其他应当由承租人支付的费用以及使用、占有、安宁的享有、转租、转让

或设置担保的权利）继续占有并使用不动产，当然也必须继续向管理人支付租金。”从此条中可以得出，虽然美国破产法赋予了管理人解除租赁合同的权利，但最终是否解除合同的选择权在于承租人，承租人可以选择拒绝履行租约，可以选择保留依据租约所享有的权利，由此导致管理人拒绝履行不动产租赁租约的权利往往因为承租人的拒绝而无法得以实现。

从上述各国立法来看，日本、美国、德国三国都对破产中租赁合同的管理人合同解除权作出了特别规定，虽然各国立法有所不同，但是都针对租赁合同管理人的合同解除权进行了限制来保障承租人的利益。

三、我国出租人破产时管理人对于未履行完毕的租赁合同的解除权

《企业破产法》第十八条规定了破产管理人破产申请受理前成立而债务人和对方当事人均未履行完毕的合同的合同解除权。但是该条也仅是笼统地对管理人的破产中的合同解除权作了规定，并没有对该解除权进行限制性规定。

租赁权虽然作为一种债权，但在我国立法中“买卖不破租赁”及“优先购买权”的规则都赋予了其物权特性。然而我国司法实践中，往往根据特别法优于一般法适用《企业破产法》第十八条的规定，并没有将《民法典》赋予的租赁合同的特殊性予以考虑。管理人在处置未履行完毕的租赁合同时，在考虑债务人利益最大化的基础上，往往会选择解除未履行完毕的租赁合同，使得承租人丧失了基于租赁合同的权利，尤其对于商业租赁合同的承租人来说，租赁合同的解除使得承租人难以继续进行生产经营，承租人是基于对债务人的信赖，出于对长期占有租赁房屋的状态的确信而签署租赁合同，此时若管理人的合同解除权不受限制，可能导致承租人的利益受到巨大损害，这种为了全体债权人的利益而牺牲个别债权人的巨大利益的行为明显有悖于利益平衡原则，也会对市场交易的稳定性造成冲击，商业主体之间的信赖也将不复存在。另外，管理人解除租赁合同的行为也

导致承租人丧失了在后续破产财产处置过程中本可以基于租赁合同享有的优先购买权和基于“买卖不破租赁”要求租赁房屋受让人继续履行租赁合同的权利。这显然与我国《民法典》对于租赁合同中承租人的利益保护背道而驰。

四、破产程序中管理人对商业租赁合同行使解除权的实务案例探讨

基于以上问题研究，我们再结合实务中的案例对于债务人破产，租赁房屋已经交付，承租人也已提前支付合同租期内全部租金的情形下，管理人是否可以依据《企业破产法》第十八条的规定行使合同解除权进行进一步讨论。

对于这一问题，学界存在两种观点。第一种观点认为，租赁房屋已经交付承租人，承租人也已交付租金，租赁合同履行完毕，不属于双方均未履行完毕的合同，因此管理人无权解除合同。另外，出于《民法典》对于租赁合同“买卖不破租赁”的特殊保护，如管理人可解除租赁合同，承租人就失去了《民法典》对其利益的保护。第二种观点认为，虽然此种情形下承租人已经支付全部租金，但租赁期尚未到期，同时，承租人仍有返还租赁房屋等主要义务以及附随义务等未履行，出租人将租赁物的占有、使用权利让与承租人，也是处于履行租赁合同的过程中，所以应当认定租赁合同双方当事人尚未履行完毕，因此管理人有权解除租赁合同。我国司法实践中，根据笔者对于相关案例的检索，法院在裁判时大多采用了第二种观点。例如湖南省高级人民法院（2017）湘民再 461 号——株洲千姿置业有限公司与文普华房屋租赁合同纠纷再审一案中，法院认为：“只要该合同同时满足破产申请前成立和债务人和对方当事人均未履行完毕两个条件，管理人即可以单方解除合同，这也是破产法作为特别法的特殊性。由于租赁合同具有继续性的重要特点，交纳租金只是承租人的主要合同义务而非全部合同义务，承租人尚有保管租赁物、返还租赁物的义务以及通知

等附随义务等等，因此在租期届满承租人返还租赁物之前，承租人始终处于履行租赁合同过程中；同样出租人将租赁物的占有、使用权利让与承租人，也是处于履行租赁合同的过程中。因此，租赁合同只要在租赁期内，承租人与出租人的义务即均未履行完毕，千姿公司管理人单方解除该租赁合同有法律依据。”

目前，在我国对于此种尚在租赁期内且承租人已经预先支付全部租金的商业租赁合同①是否属于我国《企业破产法》中规定的破产申请受理前成立而债务人和对方当事人均未履行完毕的合同仍有较大争议，无法进行明确界定。但笔者认为，即使对于该情形下的租赁合同是否属于管理人可以行使破产解除权的合同仍然存疑，但是从利益平衡原则来看，如果管理人可以随意解除此情形下的租赁合同，是对已支付租期内全部租金的承租人利益的巨大损害，有悖于利益平衡原则。笔者认为，在实际操作中，管理人可以结合个案情况参考最高人民法院如下批复精神来判断承租人是否对破产房屋享有优先购买权来决定是否行使解除权：

《最高人民法院关于承租部分房屋的承租人
在出租人整体出卖房屋时是否享有优先购买权的复函》

（2004）民一他字第 29 号

江苏省高级人民法院：

你院请示的关于承租部分房屋的承租人在出租人整体出卖房屋时是否享有优先购买全的问题，目前，法律和司法解释对此均无明确规定。经研究认为：目前处理此类案件，可以从以下两个方面综合考虑：

第一，从房屋使用功能上看，如果承租人承租的部分房屋与房屋的其他部分是可分的、使用功能可相对独立的，则承租人的优先购买权应仅及于其承租的部分房屋；如果承租人的部分房屋与房屋的其他部分是不可分的、使用功能整体性较明显的，则其对出租人所卖全部房屋享有优先购买权。

第二，从承租人承租的部分房屋占全部房屋的比例看，承租人承租的部分房屋占出租人出卖的全部房屋一半以上的，则其对出租人出卖的全部房屋享有优先购买权；反之则不宜认定其对全部房屋享有优先购买权。

请你院结合以上因素，根据案件具体情况，妥善处理。

由此可见，如果承租人租赁的物业建筑面积已经占到破产房产的1/2以上，其对整幢物业享有优先购买权，此种情况下，管理人再依据破产法规定行使解除权，需特别谨慎。此时，管理人可能侵犯了承租人的特殊保护、不利于维护市场交易的安全和商事主体之间的信赖利益，也不一定是对债权人利益最大化的体现——空置商业物业的价值可能比在正常运营中的带租约的商业物业价值更低。

五、结语

综上所述，破产中管理人对商业租赁合同的解除权的行使不仅要符合《企业破产法》第十八条的约定，鉴于商业租赁合同的特殊性，还要考虑《民法典》所规定的“买卖不破租赁”及“优先购买权”“优先承租权”规则对于管理人行使解除权的限制，并综合考虑承租人实际占有使用房屋（面积、时间）、支付租金及履约、运营情况等，从而在承租人权益和债权人利益之间寻求平衡，力争做到既能维护市场交易的稳定性又能使债权人利益最大化。

破产程序中
建设工程价款优先受偿权的行使期限

陈鸣飞

在建设单位破产案件中，承包人的工程价款债权是一类特殊的债权，如果在法定的行使期限内提出，其将具有超越抵押债权的优先地位。也正是因为工程价款优先顺位在前，使其易与其他债权人的利益发生冲突，于是在破产程序中，其他债权人非常关心管理人对工程价款优先受偿权的审核。在审核过程中，有两个问题特别突出，一是管理人能否直接确认承包人享有工程价款优先受偿权，还是必须由承包人向法院起诉后通过判决确认？二是承包人行使优先受偿权的期限如何界定,从何时起算,何时终止？为了解决这两个重要问题，本文希望基于法律和司法解释的规定、最高人民法院及各省高级人民法院案例、法理和逻辑进行有益探讨。

一、建设工程价款在破产财产中的清偿顺序

建设工程价款的优先受偿权首次确立是在 1999 年，规定于《合同法》第二百八十六条，但该规定并未说明其和抵押权的关系，直到 2002 年，在《最高人民法院关于建设工程价款优先受偿权问题的批复》中才把建设

工程价款优先受偿权与抵押权的先后关系进行了规范：

《最高人民法院关于建设工程价款优先受偿权问题的批复》[法释(2002)16号]：一、人民法院在审理房地产纠纷案件和办理执行案件中，应当依照《中华人民共和国合同法》第二百八十六条的规定，认定建筑工程的承包人的优先受偿权优于抵押权和其他债权。

这就是建设工程价款优先受偿权优先于抵押权和其他债权的法条渊源。直到《民法典》实施后，最高法院才把该批复的内容放入《最高人民法院关于审理建设工程施工合同纠纷案件适用法律问题的解释(一)》【法释(2020)25号】第三十六条，纳入比批复更为正规的司法解释系统。

由于破产法第一百零九条和第一百一十三条确定的破产财产清偿顺序是：

1. 担保债权（针对特定担保物）；

2. 破产费用和共益债权；

3. 职工债权；

4. 社保费用和税款；

5. 普通债权。

加上工程价款优先于抵押权的逻辑，于是破产财产清偿顺序变为：

1. 工程款债权（针对建筑工程）；

2. 担保债权（针对特定担保物）；

3. 破产费用和共益债权；

4. 职工债权；

5. 社保费用和税款；

6. 普通债权。

在法理上和最高人民法院审判逻辑上，均是将工程价款优先受偿权作为“法定抵押权”来看待的。

梁慧星在《合同法第二百八十六条的权利性质及其适用》一文中，

通过对立法背景的介绍，指出：“合同法第二百八十六条从设计、起草、讨论、修改、审议直至正式通过，始终是指法定抵押权。”

(2016) 最高法民申 606 号案《民事裁定书》中，最高人民法院把工程价款的优先受偿权也看成担保物权：对破产人的特定财产享有担保权的权利人，对该特定财产享有优先受偿的权利。本案中，池州三建公司向润佳电缆公司主张的不是一般债权，而是具有优先受偿权的工程价款，可以依法优先受偿。

因此，虽然在破产法及其司法解释中并没有出现对于工程价款优先受偿权排序的直接规定，但工程款债权位于抵押债权之前受偿应无疑义。

二、管理人能否在审查承包人申报的债权时直接确认其工程价款优先受偿权

在管理人审查工程款债权时，经常有抵押权人提出，不论管理人认为建设工程价款优先受偿权是否成立，均不得直接确认，而是要告知承包人向法院起诉，通过诉讼程序认定。其理由来源于审判实践中“工程价款优先受偿权不允许当事人调解，而必须由法院判决认定”这一规则。

为何在诉讼中工程价款的金额可由当事人双方调解确认，但承包人是否享有优先受偿权却不允许双方调解确认？究其原因，在于工程价款优先受偿权会影响到其他债权人的利益。如果工程价款优先受偿权可以凭调解书生效，那么工程款债权就可以凭施工合同由双方的自由意志排到其他债权前面去，就会架空其他债权，尤其是抵押权。抵押权人基于信赖办理了抵押登记,而债务人和承包人通过约定就可以确认工程价款优先受偿权，如果这种确认不受审查，就很容易使得抵押权落空，这对抵押权人是不公平的。

这一规则也得到了民诉法司法解释的支持：

《最高人民法院关于适用 < 中华人民共和国民事诉讼法 > 若干问题

的解释》（2014 年）第三百五十七条，当事人申请司法确认调解协议，有下列情形之一的，人民法院裁定不予受理：……(五)调解协议内容涉及物权、知识产权确权的。

如果根据上述规则，债务人不能主动确认承包人的建设工程价款优先受偿权，那么是否也就意味着债务人的管理人也不能直接确认承包人申报的建设工程价款优先受偿权？

管理人能否确认工程价款优先受偿权，主要看管理人在破产程序中处于何种地位。如果把管理人看成是代表法院进行破产清算，那么管理人对工程价款优先受偿权的确认就不属于调解、和解的范畴，而是代表法院对工程价款优先受偿权的确认，对所有债权人是生效的。而如果把管理人看成是破产企业的代表人，而法院的指定不代表授予管理人司法上的权威的话，则管理人无权对工程价款优先受偿权予以确认。

王卫国在《破产法精义》一书中总结："关于管理人地位，学理上存在债权人代表说，债务人代表说，财团代表说，受托代表说和法定机构说等学说，我国破产法采用了法定机构说，即管理人作为实现破产程序的目的而设定的履行法定职能的机构。"

实务当中，不管是法院、管理人、债务人股东还是大多数债权人，都比较认可管理人是可以代表法院的，而且随着破产案件的增多，也越来越趋向于法院对管理人放权。因此，管理人有权确认工程价款优先受偿权，不仅符合法理、符合各方的认识，也符合趋势。

管理人有权确认工程价款的优先受偿权，但也应接受债权人的监督，而且债权人认为管理人确认有误的，破产法也设置了救济途径：

《企业破产法》第五十八条，债务人、债权人对债权表记载的债权有异议的，可以向受理破产申请的人民法院提起诉讼。

当然，建设工程价款优先受偿权的行使期限现在变得越来越模糊，认定尺度的宽紧，对于结果影响非常大，管理人为了避免自己的风险，要求承包人通过诉讼程序确认工程价款的优先受偿权，也是一种习惯的做法。

三、工程价款优先受偿权的行使期限

工程价款优先受偿权的行使期限从立法之初至今共经历了三个阶段：

第一个阶段：从竣工之日起计算六个月。

《最高人民法院关于建设工程价款优先受偿权问题的批复》【法释（2002）16 号】四、建设工程承包人行使优先权的期限为六个月，自建设工程竣工之日或者建设工程合同约定的竣工之日起计算。

第二个阶段：从应当付款之日起计算六个月。

《最高人民法院关于审理建设工程施工合同纠纷案件适用法律问题的解释（二）》【法释（2018）20 号】第二十二条，承包人行使建设工程价款优先受偿权的期限为六个月，自发包人应当给付建设工程价款之日起算。

第三个阶段：从应当付款之日起最长不超过十八个月。

《最高人民法院关于审理建设工程施工合同纠纷案件适用法律问题的解释（一）》【法释（2020）25 号】第四十一条，承包人应当在合理期限内行使建设工程价款优先受偿权，但最长不得超过十八个月，自发包人应当给付建设工程价款之日起算。

从司法解释的演进来看，对工程价款优先受偿权行使期限变得越来越宽容，从原来的“竣工之日”变更为“发包人应当给付建设工程价款之日”。由于在建设工程的操作惯例中，竣工后双方还有一个结算过程，因此最终的工程价款应付之日一般都比竣工之日更靠后，从而使承包人行使建设工程价款优先受偿权的最后期限也往后延长。

破产管理人在审查工程款债权时，应如何确定承包人主张工程价款优先受偿权是否在法定期限内？这涉及对三个概念的正确理解，一是什么行为才可算是“行使优先受偿权”？二是哪一日算是“应当给付建设工程价款之日”？三是“合理期限”是不是就是“十八个月”？

1. 什么行为才可算是“行使优先受偿权”？

如果承包人在法定期限内，向发包方（债务人）发函主张过建设工程价款优先受偿权，但双方并未达成关于优先受偿的协议，承包人也未起诉，后发包方破产清算，承包人以其在法定期限内主张过为由，要求确认其优先受偿权，管理人能否确认？简言之，“主张”是否可以视为“行使”？对于一般债权而言，主张行为可以达到中断诉讼时效的效果，但优先受偿权行使期限属于除斥期间，在主张未果的情况下，是不能发生中断的。能否认为工程价款的优先受偿权属于形成权，一经债权人主张就已经确定了优先受偿的法定权利，此后如何实现优先受偿就适用诉讼时效的规定了呢？现行法律和司法解释对此没有明确的规定，只能通过最高法院判例来了解法院对此问题的思路。

首先，最高院有支持“主张”即“行使”观点的判例：

昆明二建建设（集团）有限公司、北京国际信托有限公司第三人撤销之诉案【(2018) 最高法民再 84 号】中，最高人民法院认为：承包人享有的建设工程优先受偿权系法定权利，不需要经法院确认即享有。昆明二建公司向金冠源公司发出催告函，要求金冠源公司尽快结算并声明享有建设工程价款优先受偿权，符合《最高人民法院关于建设工程价款优先受偿权问题的批复》第四条关于“建设工程承包人行使优先权的期限为六个月，自建设工程竣工之日或者建设工程合同约定的竣工之日起计算”之规定。原一审、二审判决关于昆明二建公司发函仅主张享有优先受偿权，而没有行使优先受偿权，起诉主张案涉工程享有优先受偿权已经超过了除斥期间的认定确有错误，本院予以纠正。（以下简称“案例一”）

但是，最高院也有认为“行使”需要通过诉讼方式的判例：

湖南协和建设有限公司、株洲市汉华房地产开发有限公司建设工程施工合同纠纷案【(2017) 最高法民再 389 号】中，最高人民法院认为：建设工程价款优先受偿权的行使期限属于除斥期间，且承包人需在法定期限内通过诉讼的方式予以主张。湖南省高级人民法院认为优先受偿权须向相对方提出，审判机关不是其权利的行使对象，属于对法律规定的错误理解，本院予以纠正。（以下简称“案例二”）

对于以上两个貌似矛盾的案例，如果认真考虑个案的具体情况，会发现并不矛盾。案例一中，昆明二建公司向金冠源公司发出催告函后，金冠源公司向昆明二建公司出具了《协商意见》，表示会在两个月内进行结算，并认可昆明二建公司对溪谷雅苑小区工程享有优先受偿权。因此最高人民法院认为昆明二建公司通过催告已经行使了权利。案例二中，因为湖南省高级人民法院认为承包人向法院递交诉状但没有立案，也没有向对方送达，所以不属于行使优先受偿权，最高人民法院为否定这一观点，才特定化地认为该权利的行使需通过诉讼的方式予以主张，而不能理解为该权利的行使只能通过诉讼的方式予以主张。

探讨到这里，我们有必要回顾建设工程价款优先受偿权本体的法律条文，以加深对“行使权利”的认识：

《合同法》第二百八十六条 /《民法典》第八百零七条，发包人未按照约定支付价款的，承包人可以催告发包人在合理期限内支付价款。发包人逾期不支付的，除根据建设工程的性质不宜折价、拍卖外，承包人可以与发包人协议将该工程折价，也可以请求人民法院将该工程依法拍卖。建设工程的价款就该工程折价或者拍卖的价款优先受偿。

法条的本义与最高人民法院判例的观点一致，即工程价款优先受偿权既可以通过承包人与发包人协议折价的方式，也可以通过向人民法院提起诉讼的方式行使。如果承包人向发包人主张了优先受偿权并且得到了发包人的确认，应该认为承包人已经通过主张行使了优先受偿权；如果承包人发送了通知但未获得发包人认可，则承包人应在法定期限内向法院提起诉讼。

根据上述原则回答开头时提的那个问题——如果承包人在法定期限内，向发包方（债务人）发函主张过建设工程价款优先受偿权，但双方并未达成关于优先受偿的协议，承包人也未起诉，后发包方破产清算，承包人以其在法定期限内主张过为由，要求确认其优先受偿权，管理人能否确认？结论是不能确认，因为在主张未果的情况下，承包人应向法院起诉要求行使优先受偿权。

2.哪一日算是“应当给付建设工程价款之日”？

应当给付建设工程价款之日是工程价款优先受偿权行使期限的起点。应当给付建设工程价款之日从字面上是指施工合同约定的应付款之日，似乎只要到合同中去找就行了，但这种想法简单化了，覆盖不了复杂的现实情况，例如，合同没有约定时怎么办？预付款和进度款怎么办？合同约定审价结算后付款但审价结算拖延时怎么办？

第一种情况，没有约定或约定不明时，应付款时间如何确定？司法解释对这种情况有明确规定：

《最高人民法院关于审理建设工程施工合同纠纷案件适用法律问题的解释（一）》【法释（2020）25号】第二十七条，当事人对付款时间没有约定或者约定不明的，下列时间视为应付款时间：

（一）建设工程已实际交付的，为交付之日；

（二）建设工程没有交付的，为提交竣工结算文件之日；

（三）建设工程未交付，工程价款也未结算的，为当事人起诉之日。

第二种情况，预付款和进度款的“应当给付时间”如何确定？对此，法律和司法解释对此并无明确规定，施工合同约定预付款的支付时间一般是在合同签订后的一段时间，约定进度款的支付时间一般是在施工过程中按照工程进度逐月支付，如果严格按照合同约定的时间来确定预付款和进度款的“应当给付时间”，会出现工程还在施工，预付款和进度款的优先受偿权行使期限就已经届满的情况，因此不能机械理解。《民法典》中对于分期付款诉讼时效起算时间的规定可以作为解决这个问题的参考：

《民法典》第一百八十九条，当事人约定同一债务分期履行的，诉讼时效期间自最后一期履行期限届满之日起计算。

同理，工程价款作为“同一债务”，预付款和进度款属于发包人与承包人约定的分期履行方式，故将工程价款作为一个整体，其“应付给付时间”也应该按照最后一期（工程质保金除外）履行期限来确认，况且在合同约定的进度款付款期限内，工程尚处于施工阶段，进度款的金额与工程量只是大致对应，已完成的工程量的价值与已付工程款之间无法精确比较，同时图纸变化、工程量增减、工期延误等因素常掺杂其中，难以确定实际欠款的金额与时间，因此，按照约定的进度款支付时间来主张优先受偿权的条件尚不具备，要求以在建工程折价或拍卖受偿也没有可操作性。

第三种情况，合同约定双方审价结算后付款，但双方审价结算时间过长，应付款时间如何确定？例如，合同约定“承包人向发包人送交结算资料后，发包方与承包方相互配合在 2 个月内审核完毕，双方签字认可后 7 日内，付至结算金额的 97%，留 3% 作为质量保证金”，如果真实情况是双方结算时核对时间远超 2 个月，“应当给付建设工程价款之日”应该确定为承包人送交结算资料之日起 2 个月，还是双方签字认可后 7 日内？

从检索到的案例来看，法院对这种情况的裁判尺度都是宽松的，即认为只有双方对结算结果认可后，工程款数额才得以最终确定，承包人才具备行使优先受偿权的条件。故大量判决均确定以双方结算完成后的一定期间（如合同约定结算完成后 7 日内付款）届满之日为“应当给付建设工程价款之日”。例如：

在中铁北京工程局集团有限公司诉甘肃远达房地产置业有限公司建设工程施工合同纠纷一案中【（2016）甘民初 68 号】中，合同约定竣工验收合格后 7 日内支付至合同总价的 90%，结算完成后 7 日内付至结算价款的 95%，预留 5% 作为质保金。合同履行中，2015 年 10 月，中铁北京工程局递交结算书，2016 年 1 月 21 日，远达公司审核结束并予以回复，双方对于工程价款未达成一致，2016 年 3 月 17 日，双方就工程价款结算问题仍在进行洽谈。中铁北京工程局于 2016 年 7 月 1 日提起诉讼，甘肃省高级人民法院认为没有超过行使优先权 6 个月的规定期限。

在唐河县农村信用合作联社、河南欣德源建设工程有限公司第三人撤销之诉二审民事判决书【(2020) 豫民终 688 号】中，河南省高级人民法院认为，案涉工程已于 2010 年办理了房产权属证书，房屋已陆续交付购房人使用，2014 年 1 月 14 日，承包人编制工程结算书，2017 年 7 月 6 日，承包人与发包人签订工程款确认单，承包人行使优先受偿权的期限至迟应从 2017 年 7 月 6 日起算。

3.“合理期限”与“十八个月”的关系?

《最高人民法院关于审理建设工程施工合同纠纷案件适用法律问题的解释（一）》【法释（2020）25 号】于 2021 年 1 月 1 日实施以后，建设工程价款优先受偿权的行使期限，从原来的六个月，变成了合理期限（但最长不得超过十八个月）。

《最高人民法院关于审理建设工程施工合同纠纷案件适用法律问题的解释（一）》【法释（2020）25 号】第四十一条，承包人应当在合理期限内行使建设工程价款优先受偿权，但最长不得超过十八个月，自发包人应当给付建设工程价款之日起算。

这样一来，对合理期限的确定就变成了新的问题，可以预测，如果最高院对合理期限不进行进一步细化规定，各地将出现各种不一致的判决。由于该司法解释实施的时间还短，目前无法检索到适用该条的案例，故法院对于合理期限到底如何把握尚不得而知。在缺乏案例佐证的情况下，可以参考唯一一次对合理期限作出明确约定的司法解释——《最高人民法院关于审理商品房买卖合同纠纷案件适用法律若干问题的解释》【法释（2003）7 号】。

《最高人民法院关于审理商品房买卖合同纠纷案件适用法律若干问题的解释》【法释（2003）7号】第十五条，根据《合同法》第九十四条的规定，出卖人迟延交付房屋或者买受人迟延支付购房款，经催告后在三个月的合理期限内仍未履行，当事人一方请求解除合同的，应予支持，但当事人另有约定的除外。法律没有规定或者当事人没有约定，经对方当事人催告后，解除权行使的合理期限为三个月。对方当事人没有催告的，解除权应当在解除权发生之日起一年内行使；逾期不行使的，解除权消灭。

如参照商品房买卖合同纠纷司法解释，或可期待最高人民法院对于工程价款优先受偿权的行使期限作出如下进一步规定：如无特殊情况，优先受偿权的行使期限为十八个月，但如发包方催告后，承包方行使优先受偿权的合理期限为三个月。

已设定抵押权土地闲置风险及抵押权人的救济途径

杨文珺、谢润泽

一、闲置土地定义及闲置风险

《闲置土地处置办法》第二条规定，闲置土地是指："国有建设用地使用权人超过国有建设用地使用权有偿使用合同或者划拨决定书约定、规定的动工开发日期满一年未动工开发的国有建设用地。"或"已动工开发但开发建设用地面积占应动工开发建设用地总面积不足三分之一或者已投资额占总投资额不足百分之二十五，中止开发建设满一年的国有建设用地，也可以认定为闲置土地"。

针对闲置土地，《中华人民共和国城市房地产管理法》第二十六条及《闲置土地处置办法》第十四条规定："超过出让合同约定的动工开发日期满一年未动工开发的，可以征收相当于土地使用权出让金百分之二十以下的土地闲置费；满二年未动工开发的，可以无偿收回土地使用权。"

二、已设定抵押的闲置土地被收回的情形

1. 因政府原因或不可抗力导致土地闲置被收回

因政府原因或不可抗力导致的闲置土地或符合《闲置土地处置办法》第二条第二款规定情形的闲置土地被收回，土地使用权及抵押权应注销登记，但根据《闲置土地处置办法》第十二条规定，应采取协议有偿或置换土地的方式进行处置，抵押权并不当然消灭。根据《民法典》第三百九十条规定："担保期间，担保财产毁损、灭失或者被征收等，担保物权人可以就获得的保险金、赔偿金或者补偿金等优先受偿。被担保债权的履行期限未届满的，也可以提存该保险金、赔偿金或者补偿金等。"由此可见，担保物权人的物上代位权是指，担保期间，担保财产毁损、灭失或被征收的，担保物权的效力及于该担保财产的替代物（如保险金、赔偿金与补偿金），担保物权人对这些代位物依然享有优先受偿权。若代位物是土地、房屋等实物资产，则应及时办理抵押登记，否则不能对抗善意第三人；若代位物是赔偿金、保险金等金钱资产，因金钱为种类物，必须及时提存予以特定化，抵押权人才能享有优先受偿权，或者要求债务人提前清偿债务。光大银行温州分行诉耀华电器公司等借款合同纠纷［（2016）浙03民终6394号］一案中，温州中级人民法院认为，涉案土地使用权因政府、政府相关部门的其他行为导致闲置，由政府收回并对土地使用权及抵押权予以注销，并不属于担保物权消灭的情形，光大银行温州分行有权就抵押物优先受偿。

2. 非因政府原因或不可抗力导致土地闲置被收回

按照法律规定，非因政府原因或不可抗力导致土地闲置，政府可无偿收回土地使用权，但综合有关判例，根据是否取得法院生效判决，可分为两种情形进行讨论：

（1）抵押权人未取得法院生效判决

在此种情形下，政府无偿收回闲置土地与抵押权人利益如何保护之

间的冲突问题，法律并没有规定。但土地价值巨大，一旦适用无偿收回，将会极大程度损害债权人和抵押权人利益。从法理上说，此时抵押权人的利益应该得到充分保护，主要理由如下：①抵押权经过登记，具有公示效力，保护抵押权人利益，有利于维护物权优先性和公示公信原则；②闲置土地无偿收回是行政机关对于土地使用权人的一种惩罚措施，抵押权人享有的是就抵押物优先受偿的权利，但并不能干涉抵押人对抵押物的使用。在抵押人怠于对抵押土地进行开发利用情形下，抵押权人并没有救济途径，倘若在此种情形下国土部门将抵押土地无偿收回，与民法中的公平正义理念不符。

若抵押权人已提起诉讼，实际上抵押土地已经处于流转之中，正在摆脱土地闲置的状态，这与闲置土地无偿收回制度的立法初衷一致，即为了促进土地资源的流通使用。而且，一旦进入诉讼程序，法院判决抵押权人享有优先受偿权，但国土部门对抵押土地无偿收回将与有关裁判相矛盾，影响到抵押权人优先受偿权的行使。因此，进入诉讼状态，国土部门应暂停权力的行使。

（2）抵押权人已取得法院生效判决并进入执行阶段

根据《民事诉讼法》第二百五十一条规定和最高人民法院、国土资源部、建设部《关于依法规范人民法院执行和国土资源房地产部门协助执行若干问题的通知》第三条规定，对于涉嫌土地闲置的，若已有生效判决文书并处于执行过程中的闲置土地，国土部门的调查和认定程序不应与协助执行义务相冲突，应配合法院办理协助执行手续。甘肃银行股份有限公司镇原支行诉庆阳市维思特食品有限公司等金融借款合同纠纷［（2017）甘10执异28号］执行异议一案中，案外人合水县国土局称，该宗土地属闲置土地，不能判令申请执行人享有优先受偿权。庆阳市中级人民法院认为本院依据生效的民事判决书对被执行人诚某公司贷款时提供的土地使用权进行执行并无不当。陕西嘉某房地产开发有限公司与洛南县农村信用合作联社金融借款合同纠纷执行裁定书［（2018）陕 1021 执异 5 号］认为，洛南县国土资源局虽然作出《收回国有建设用地使用权决定书》，但并未实施注销涉案宗地的使用权登记和土地权利证书的行为，涉案宗地的使用权仍登记在陕西嘉某房地产公司名下，驳回执行异议请求。

根据立法精神，闲置土地无偿收回制度目的是为了最大程度利用土地资源。闲置土地进入执行程序后，通过拍卖移转给新的买受人或抵债给债权人，新的土地使用权人将会对土地重新进行利用开发。因此，在此种情形下，从维护司法权威角度出发应优先保护私权利，不适用闲置土地无偿收回的规定。但实践中，国土部门配合法院执行的意愿和力度均不大，因此执行程序能否顺利进行存在很大不确定性。

三、抵押权人的风险防范和救济

1. 存在闲置情形但尚未被认定为闲置土地的情况

对于设定抵押权的土地，抵押权人应及时了解土地使用情况，核查抵押土地是否按时开工建设。若因政府原因或不可抗力导致未能开工建设，应督促企业留存好相关证据，包括但不限于各方往来函件、政府会议纪要、照片、土地交付文件、开发建设过程中受到干扰的相关资料等。若因抵押人原因未能开工建设，抵押物土地存在灭失风险，应督促抵押人尽快开工建设或增加抵押担保措施，同时应督促抵押人积极向政府书面申请延期开工，并根据实际情况及时提起诉讼。

2. 已被认定为闲置土地的情况

对于已经被国土部门调查或已被认定为闲置土地的项目，应督促抵押人积极准备相关材料，向政府说明闲置原因并申请延建。在法律对抵押权人利益如何保护并未明文规定的情况下，善用行政协商机制解决问题，主动与政府沟通协调。

破产程序中“以房抵债”效力问题

杨文珺、谢润泽

一、何为“以房抵债”

“以房抵债”是以物抵债范围中的一种，涉及以房抵债的协议包括债权债务法律关系和房屋买卖法律关系。“以物抵债”可以归纳为债务人与债权人约定以债务人或经第三人同意的第三人所有的财产折价归债权人所有，用以清偿债务的行为。

“以房抵债”最明显的特征就是要物性，即以行为的完成为生效要件，该协议即使依法成立生效，一旦发生债务人未按照协议的约定交付该抵债房时，债权人若向法院起诉要求债务人按照协议履行交付房屋义务的，该主张难以得到法院的支持。如在（2020）最高法民申3206号民事裁定书中，最高法院认为：“以物抵债协议签订后，是否发生物权变动，取决于当事人是否实际履行该协议，即是否办理了房屋产权登记。”因为此时协议双方的原债权债务关系并未消灭，债务人违反协议约定，未履行以房抵债协议约定的，债权人仅有权请求债务人履行原合同关系下的债务。对于双方当事人仅仅达成了“以房抵债”的合意，但并没有实际履行或未另行签订房屋买卖合同的情况下，则原债权债务的法律关系并不能消灭，也不发生物权变动。

以房抵债的约定可能会发生在原债权债务履行期届满前，也可能发生在履行期届满后。依据《民法典》第四百零一条、第四百二十八条关于流押、流质条款的规定：“抵押权人 / 质权人在债务履行期届满前，与抵押人 / 出质人约定债务人不履行到期债务时抵押 / 质押财产归债权人所有的，只能依法就抵押 / 质押财产优先受偿。”可见对于债务履行期届满前即约定了以房抵债协议的，属于流押行为，在债务履行期届满前，债权人无法取得抵押 / 质押财产的所有权。对于债务履行期届满后约定的“以房抵债”，实际上是当事人事后达成的新的债务清偿协议。如当事人就上述“以房抵债”另行签订有房屋买卖合同，则双方已合意将债权债务法律关系转化为房屋买卖法律关系，双方受房屋买卖法律关系约束。但如要产生对抗第三人的效力，需办理房屋买卖合同预告登记手续或交付房屋。如当事人之间未另行签订房屋买卖合同，则根据“以房抵债”实践性的特点，须重点考察标的房屋的物权登记和交付情况，具体进行判断。

二、破产程序中的“以房抵债”问题

“以房抵债”在房地产开发过程中较为常见，开发商因融资或支付工程款项需要，常常以“以房抵债”的方式提供担保或清偿债务。在近些年来，越来越多的房地产企业因经营不善而进入破产程序，使本就在理论和实践领域较为复杂且存在争议的“以房抵债”问题在破产程序中面临更大挑战。现就在破产程序中“以房抵债”可能出现的部分情形分类进行探讨。

1. 破产申请受理前一年内签署的“以房抵债”协议，管理人可以行使撤销权并要求返还标的房屋

《最高人民法院关于审理民间借贷案件适用法律若干问题的规定》第二十三条规定：“当事人以订立买卖合同作为民间借贷合同的担保，借款到期后借款人不能还款，出借人请求履行买卖合同的，人民法院应当按

照民间借贷法律关系审理。”根据该条规定的立法精神，就当事人订立买卖合同作为主债权担保的，应按照主债权的法律关系进行审理。“以房抵债”协议从协议目的和性质上来看，实际上是以房屋为债权提供担保，目的在于保障主债权得以实现，属于“非典型担保”。此种担保方式虽然并非法定，但协议本身仍是有效的，且在一定程度上可以起到担保主债权实现的作用。然而在破产程序中，针对债务人对外提供担保有着严格的时点限制，《企业破产法》第三十一条规定：“人民法院受理破产申请前一年内，涉及债务人财产的下列行为，管理人有权请求人民法院予以撤销……（三）对没有财产担保的债务提供财产担保的”。鉴于“以房抵债”协议实际上具有担保债权实现的目的和性质，如债务人在人民法院受理破产申请前一年内签署“以房抵债”协议的，应属于前述《企业破产法》第三十一条规定的对没有财产担保的债务提供财产担保的情形，管理人应依据该条规定依法向人民法院请求对“以房抵债”协议予以撤销。即便在破产申请受理前一年内完成“以房抵债”协议的签署和标的房屋的交付或者产权变更，管理人均有权依据此条规定撤销“以房抵债”协议，并要求债权人返还标的房屋。

2. 破产申请受理一年前签署“以房抵债”协议，但在破产申请受理前六个月内完成房屋交付或产权变更，属个别清偿

《企业破产法》第三十二条规定：“人民法院受理破产申请前六个月内，债务人有本法第二条第一款规定的情形（资不抵债），仍对个别债权人进行清偿的，管理人有权请求人民法院予以撤销。”《企业破产法》第十六条规定：“人民法院受理破产申请后，债务人对个别债权人的债务清偿无效。”债务人在人民法院受理破产申请前六个月内与债权人签订“以房抵债”协议，同时在破产申请受理前已向债权人交付了房屋，或者已经进行了产权变更，该行为实质上属于对债务的个别清偿行为，根据前述《企业破产法》第三十二条、第十六条的规定，管理人有权撤销“以房抵债”

协议及房屋买卖合同，如债务人已向债权人交付房屋或完成产权变更的，该行为无效。在（2019）最高法民申492号李某某、新疆某房地产开发有限公司请求撤销个别清偿行为纠纷一案中，最高人民法院认为“以房抵债协议的签署发生在人民法院受理破产申请前六个月内，不能引起涉案房屋所有权发生变动。故李海宾主张涉案19套房屋在双方签订《商品房买卖合同》时已经发生移转的主张与查明的事实不符，其该项再审申请理由不能成立。根据二审判决查明的事实，青辰公司与李海宾签订《以房抵债协议书》，使青辰公司的可分配财产减少，损害其他债权人的合法权益。李海宾提出该个别清偿行为使青辰公司财产受益的理由，依据不足。其该项再审申请理由不能成立。”

3.破产受理一年前签署“以房抵债”协议并在破产受理后要求管理人进行房屋产权变更，管理人有权拒绝

如当事人之间所签署的“以房抵债”协议不存在前述《企业破产法》第三十一条、第三十二条规定的撤销情形的，但协议签署后一直未进行交付或产权变更，破产受理后要求管理人进行房屋产权变更的，该类情形分以下两种情形处理：

根据前述讨论，“以房抵债”协议实质上是为主债权提供担保，如在“以房抵债”协议签署后，双方并未进行房屋交付或产权变更，则该“以房抵债”协议并未履行完毕，债权人仅能以主债权进行申报，无权要求管理人履行“以房抵债”协议进行房屋产权变更。

即便当事人间在“以房抵债”协议之外另行签署了房屋买卖合同，但因该房屋买卖合同项下的标的房屋在破产受理前未实际完成交付或产权变更，破产受理后，债权人要求依据房屋买卖合同完成产权变更的，该行为仍属于个别清偿行为。在（2020）最高法民申2681号孙某某、威海某房地产开发有限责任公司破产债权确认纠纷案一案中，最高法院认为“某公司进入破产程序后，孙某某起诉请求交付涉案房产并办理过户登记，系

通过诉讼方式提出清偿债务的权利主张，其诉讼请求的本质是个别清偿，不符合破产程序公平清偿的宗旨，也违背了《企业破产法》第十六条的规定。因此，原审法院驳回其关于广信公司继续交付涉案房产并办理过户登记的诉讼请求，并无不当”。

4. 破产受理一年前签署“以房抵债”协议且在破产受理六个月前已办理了商品房买卖预告登记手续或完成房屋交付，管理人应审慎处理，不宜解除合同

从破产程序的具体实践中看，如债权人在破产受理一年前已签署“以房抵债”协议，并且在破产受理六个月前已完成房屋过户，在此种情形下，债权人属于“以房抵债”协议已实际履行，债权人已合法的标的房屋。实践中，仍存在一种情况，即债权人与债务人在破产受理一年前签署“以房抵债”协议，并在破产受理六个月前办理了商品房买卖预告登记手续或已将房屋交付给债权人，但尚未办理房屋过户。该种情形下，债权人已通过预告登记或合法占有对外公示了自己对标的房屋的权利。尤其是当该房屋为居住房屋时，管理人应参照《最高人民法院关于人民法院办理执行异议和复议案件若干问题的规定》第二十九条第二款及《全国法院民商事审判共工作会议纪要》（以下简称“《九民纪要》”）第一百二十五条关于居住消费者的有关规定，如房屋确已交付并系用于居住，则应继续履行完成房屋过户。如“以房抵债”协议约定转让的标的房屋并非居住性用房或标的房屋并非用于居住，本文倾向于认为，房屋买卖合同的签订并办理预告登记手续或直接交付房屋的行为是对“以房抵债”合同的实际履行。此种情况下，管理人应审慎处理该类“以房抵债”合同，参照管理人不能解除已办理预告登记／已付全款／已交付的房屋买卖合同的原则（详见《房地产企业破产管理人行驶合同解除权的限制初探（一）——商品房买卖合同的解除限制》），选择继续履行合同。

综合“以房抵债”协议在破产程序中可能遇到的上述几类情况，如

债务人已进入破产程序，“以房抵债”协议应重点从签署、交付和产权变更的情况和时间点来考察。如“以房抵债”协议签署时间在债务人破产申请受理前一年内的，则该协议可能触发《企业破产法》第三十一条、第三十二条规定的提供担保或个别清偿的可撤销情形，管理人可以主张撤销“以房抵债”协议、收回房屋。因此，当事人之间至少应在债务人破产受理一年前完成“以房抵债”协议的签署。同时，债权人应至少在债务人破产申请受理六个月前完成预告登记手续或房屋的交付或产权变更，如在债务人破产申请受理前六个月内进行房屋交付或产权变更的，则可能触发《企业破产法》第三十二条、第十六条的规定，构成个别清偿，应属无效。对于破产受理一年前签署“以房抵债”协议且在破产受理六个月前已完成预告登记手续或实际交付房屋的，在破产受理后要求管理人继续配合办理过户的债权人，管理人应继续履行房屋买卖合同。

房地产开发企业破产程序中被拆迁人的权利保护

杨文珺、金雪怡

近年来，随着国家对房地产产业的调控力度增大，再加之融资难、融资贵的问题日益突出，房地产开发企业因资金链断裂而导致破产的情况不在少数。房地产企业破产往往具有债权类型纷繁复杂、存在诸多的价值与利益冲突的特点，如何平衡各债权人之间的利益，厘清确定破产债权清偿顺序以避免引发群体性事件，维护社会稳定是重中之重。而被拆迁人在房地产开发企业进入破产程序后，往往处于弱势地位，如何对其进行权利保障是本文讨论的问题。

一、房地产开发企业破产债权清偿顺序的基本原则

公平原则是破产程序中应当实现的重要价值目标，同时也是贯穿整个破产程序的基本原则。所谓公平原则，分为形式公平与实质公平，而在破产债权的清偿顺序的确立过程中，形式公平与实质公平是两种不同的价值取向。形式公平往往是指债权在形式上平等，对于债权按照统一标准进行分配；实质公平是指以正当性作为价值追求，按不同的种类性质对债权

进行区分，对于需要进行特殊保护的债权及债权人，应当在法律法规允许的范围内进行特殊保护。结合我国的立法和相关政策，本文认为在确立房地产开发企业破产债权清偿顺序过程中应当遵循实质公平，对于需要法律予以突出保护的利益应当给予优先保护。同时在确定某一利益是否属于法律所应当优先保护的利益时，应当审慎对待，不得违反有关法律和政策所确定的标准。而被拆迁人在房地产开发企业进入破产程序后陷入生存困境，面临难以取得补偿安置房屋的问题，其基本生存权利受到侵犯，理应对其进行特殊保护。

二、被拆迁人权利优先的应然性

目前被拆迁人在破产程序中的法律地位在现行法律、行政法规中几乎找不到相关规定，仅有最高人民法院以司法解释的形式作出一些碎片化的界定，最高人民法院颁布的法释 [2003]7 号《最高人民法院关于审理商品房买卖合同纠纷案件适用法律若干问题的解释》第七条第一款明确规定："拆迁人与被拆迁人按照所有权调换形式订立拆迁补偿安置合同，明确约定拆迁人以位置、用途特定的房屋对被拆迁人予以补偿安置，如果拆迁人将该补偿安置房屋另行出卖给第三人，被拆迁人请求优先取得补偿安置房屋的，应予支持。"该条虽然不能直接得出被拆迁人权利最为优先，但该解释一般被认为是肯定被拆迁人的权利优先保护。此外，该司法解释虽然已根据 2020 年 12 月 23 日最高人民法院审判委员会第 1823 次会议通过的《最高人民法院关于修改〈最高人民法院关于在民事审判工作中适用《中华人民共和国工会法》若干问题的解释〉等二十七件民事类司法解释的决定》予以修正，修正后的司法解释中已删除了该条内容。本文认为，这是由于 2011 年 1 月 21 日起施行的国务院《国有土地房屋征收和补偿条例》，政府均统一采用征收模式，将国有土地上房屋征收和补偿的主体限定为市、县级人民政府，不包括房地产开发企业。目前现存的拆迁都是 2011 年之前已经颁发和取得拆迁许可证的老项目。但在历史遗留项目和破产房产项目中拆迁问题仍然存在。

被拆迁人权利优先的应然性主要体现于以下几方面：

1. 保障被拆迁人的基本生存权利

对于大多数被拆迁人而言，拆迁房屋是其赖以生存和生产的物质条件。被拆迁人的原房屋在房地产项目建设初期就被征收拆除，而房产项目建设周期往往较长，原房屋被拆迁后房地产企业交付补偿安置房屋之前，被拆迁人通常只能通过租房解决住房问题，而房地产企业一旦进入破产程序，项目建设周期可能因搁置而变长，被拆迁人无法在预期时间内取得补偿安置房屋，这不仅是对被拆迁人财产权利的侵害，往往也给被拆迁人造成极大的心理压力，补偿安置房屋作为被拆迁人生存利益的基本物质条件，对于被拆迁人优先取得补偿安置房屋的权利理应受到优先保护。

2. 补偿被拆迁人因公共利益牺牲个人利益

为了保障城市化进程的加速推进，应对因城市化而导致的人口数量增长，一些城市以高层建筑取代低层建筑，满足城市发展需要，实质上是牺牲了被拆迁人的个人利益，被拆迁人服从公共利益需要而接受与房地产开发企业签署拆迁补偿安置协议，理应受到法律的特别保护，在房地产开发企业破产中享有优先受偿权。

3. 被拆迁人的拆迁补偿安置协议往往签订在先，不损害抵押权人的抵押权

房地产开发企业破产程序中，所涉及的债权类型繁杂，不仅涉及破产程序中常见的具有法定优先权的担保物权、劳动债权、侵权债权及税收，还存在着购房人优先权、建设工程价款优先受偿权和建设工程抵押权，以上三种属于房地产开发企业破产中具有优先受偿地位的特殊权利。但是，相对于拆迁补偿安置协议的签署即拆迁安置补偿权的设立，以上三种权利往往设立于拆迁安置补偿权之后。尤其是房地产开发企业在金融借款时将

建设工程或土地使用权抵押给金融机构，金融机构作为专业机构，应当具有审慎义务，在办理抵押登记前进行审查，完全可以防控被拆迁人权利优先性带来的风险。

我国司法实践中，不仅有最高人民法院颁布的法释 [2003]7 号《最高人民法院关于审理商品房买卖合同纠纷案件适用法律若干问题的解释》第七条第一款印证了我国最高司法机关被拆迁人权利优先保护的立场，在最高人民法院对于此类案件的判决中，也体现出了对被拆迁人的权利优先保护。如最高人民法院（2020）最高法民终 1117 号民事判决书，不仅以《最高人民法院关于审理商品房买卖合同纠纷案件适用法律若干问题的解释》第七条第一款为裁判依据，还肯定了一审法院“从时间顺序上分析，由于拆迁在先，这时虽房尚未建，但根据魏某某与锦某公司签订的安置补偿协议，对应位置的房屋已经明确将来属于魏某某，此时已经具备了物权的属性。此后，开发商又将此房抵押给银行，但由于未扣除用于拆迁安置补偿的部分或未经被拆迁人的同意，该抵押权实际已存在侵犯被拆迁人合法权利的情形。同时，参照《最高人民法院关于审理商品房买卖合同纠纷案件适用法律若干问题的解释》第七条规定精神，魏某某所享有的拆迁安置补偿权应当优先于抵押权受到法律保护”的判决，同时明确指出“根据该规定，在拆迁补偿安置协议与其他商品房买卖合同发生冲突时，应对拆迁补偿安置协议的被拆迁人予以特殊保护，即对被拆迁人享有的补偿安置房屋的权益赋予了对抗第三人物权的优先权”。

三、被拆迁人权利优先性的实现方式

拆迁安置补偿协议的履行主要为补偿安置房屋的交付与货币补偿义务的履行。出于对被拆迁人权利的优先保护，无论拆迁安置补偿协议是否对于补偿安置房屋进行预告登记，也无论双方的履行程度如何，管理人均不能解除，并不得拒绝履行拆迁安置房的交付义务及货币补偿支付义务。

对于用于置换的房屋是现房的，被拆迁人可以申请将不动产所有权变更至被拆迁人名下；对于用于置换的房屋是期房的，被拆迁人可以在该期房建设完成后请求所有权变更登记，如期房因变卖、拍卖或其他原因导致所有权变更登记已实现不能，被拆迁人可以就相应期房的变价所得优先受偿。

综上所述，如何处置拆迁安置补偿协议在房地产开发企业破产程序中具有举足轻重的地位，应当秉持实质公平原则，对被拆迁人的权利进行优先保护，方能保障对基本生存权益的保护，符合我国以人文本的立法精神。

浅析《民法典》抵押物转让制度对房企破产实务的启发

杨文珺、金雪怡

在房地产企业破产中，房地产企业为了取得足够的项目开发资金而将其合法建造的房屋或在建工程进行抵押借贷的情形屡见不鲜。由于抵押牵涉众多债权人的利益，法律关系交织复杂，房地产企业破产管理人在对抵押物进行处置时往往存在诸多阻碍，尤其是抵押权人在管理人进行抵押物处置时基于抵押权要求管理人在处置抵押物时清偿债务或提供债权人接受的担保。但新颁布的《中华人民共和国民法典》(以下简称“《民典法》”)及《最高人民法院关于适用 < 中华人民共和国民法典 > 有关担保制度的解释》（以下简称“《担保制度司法解释》”）对于抵押物转让制度进行了大幅度修改，抵押物转让制度在《民法典》及《担保制度司法解释》的重塑为管理人处置破产房地产企业的抵押物带来更多的可能性。

本文通过新旧法条对比的方式对抵押物转让的新制度进行解读，针对管理人在破产房地产企业的抵押物处置中适用《民法典》重塑的抵押物转让制度的可行性展开分析。

一、新旧法规对比

《中华人民共和国担保法》（以下简称“《担保法》”）

第四十九条 抵押期间，抵押人转让已办理登记的抵押物的，应当通知抵押权人并告知受让人转让物已经抵押的情况；抵押人未通知抵押权人或者未告知受让人的，转让行为无效。

转让抵押物的价款明显低于其价值的，抵押权人可以要求抵押人提供相应的担保；抵押人不提供的，不得转让抵押物。

抵押人转让抵押物所得的价款，应当向抵押权人提前清偿所担保的债权或者向与抵押权人约定的第三人提存。超过债权数额的部分，归抵押人所有，不足部分由债务人清偿。

《民法典》

第四百零六条 抵押期间，抵押人可以转让抵押财产。当事人另有约定的，按照其约定。抵押财产转让的，抵押权不受影响。

抵押人转让抵押财产的，应当及时通知抵押权人。抵押权人能够证明抵押财产转让可能损害抵押权的，可以请求抵押人将转让所得的价款向抵押权人提前清偿债务或者提存。转让的价款超过债权数额的部分归抵押人所有，不足部分由债务人清偿。

《中华人民共和国物权法》（以下简称“《物权法》”）

第一百九十一条 抵押期间，抵押人经抵押权人同意转让抵押财产的，应当将转让所得的价款向抵押权人提前清偿债务或者提存。转让的价款超过债权数额的部分归抵押人所有，不足部分由债务人清偿。

抵押期间，抵押人未经抵押权人同意，不得转让抵押财产，但受让人代为清偿债务消灭抵押权的除外。

《最高人民法院关于适用<中华人民共和国担保法>若干问题的解释》（以下简称“《担保法司法解释》”）

第六十七条 抵押权存续期间，抵押人转让抵押物未通知抵押权人或者未告知受让人的，如果抵押物已经登记的，抵押权人仍可以行使抵押权；取得抵押物所有权的受让人，可以代替债务人清偿其全部债务，使抵押权消灭。受让人清偿债务后可以向抵押人追偿。

如果抵押物未经登记的，抵押权不得对抗受让人，因此给抵押权人造成损失的，由抵押人承担赔偿责任。

《担保制度司法解释》
第四十三条 当事人约定禁止或者限制转让抵押财产但是未将约定登记，抵押人违反约定转让抵押财产，抵押权人请求确认转让合同无效的，人民法院不予支持；抵押财产已经交付或者登记，抵押权人请求确认转让不发生物权效力的，人民法院不予支持，但是抵押权人有证据证明受让人知道的除外；抵押权人请求抵押人承担违约责任的，人民法院依法予以支持。 当事人约定禁止或者限制转让抵押财产且已经将约定登记，抵押人违反约定转让抵押财产，抵押权人请求确认转让合同无效的，人民法院不予支持；抵押财产已经交付或者登记，抵押权人主张转让不发生物权效力的，人民法院应予支持，但是因受让人代替债务人清偿债务导致抵押权消灭的除外。

根据上述新旧法条对比，不难得出《民法典》重塑了抵押物转让制度，允许抵押物进行转让，充分发挥物的效用，从而达到“物尽其用”的目的，新抵押物转让制度主要有以下几个特征：

1. 抵押物原则上可以自由转让。根据《民法典》第四百零六条的规定不难推出，除非当事人另有约定，抵押物原则上可以自由转让。再结合《担保制度司法解释》第四十三条的规定，还可以推出：①当事人约定禁止或者限制转让抵押物，无论是否已经将约定登记，抵押人违反约定转让抵押物，抵押权人均无法主张转让合同无效；②当事人约定禁止或者限制转让抵押物但未将约定进行登记的，但抵押财产已经交付或者登记，除非抵押权人能够证明抵押物受让人为非善意第三人，否则发生物权变动的效力；③当事人约定禁止或者限制转让抵押物且将约定进行登记的，且抵押物已经交付或者登记，除非抵押物受让人代抵押人清偿债务导致抵押权消灭否则不发生物权变动的效力。

2. 抵押权具有追及效力。《民法典》第四百零六条明确了，抵押期间，抵押人将抵押财产进行转让的不影响抵押权的效力，抵押权人可以向受让人主张抵押权。

3. 通知抵押权人的义务是附随义务。不同于《担保法司法解释》对于不通知抵押权人所造成的抵押物转让行为无效的后果，新抵押物转让制度的通知义务未明确规定不通知抵押权人会造成的不良后果，而更倾向于通知义务的规定是为了便于抵押权人根据抵押权的追及效力向受让人主张抵押权，以及及时判断转让行为是否损害抵押权，是否决定请求抵押人提前清偿债务或提存。

二、管理人破产实务中处置抵押物的阻碍

管理人在处置抵押物时遇到的阻碍之一便是管理人与抵押权人对于抵押物的价值判断难以达成一致。破产程序中对于抵押物的评估，评估机构一般由管理人公开选聘或者法院摇号指定，在实践中，因为司法评估机构较为保守，其最终对于抵押物的评估价值往往比抵押权人的预期要低，抵押权人往往会提出异议，向管理人或法院提出上调评估价甚至要求重新聘请评估机构进行评估。尤其在房地产企业破产中，抵押物往往为建造完成的房屋或在建工程，市场行情波动使得评估时间节点的不同可能导致评估价格的一定上浮或下降。抵押权人为了提高资产回收率往往希望在市场行情较好的时候进行评估，在市场遇冷时，抵押权人便会希望停止评估，从而阻碍管理人进行抵押物处置的进程。

除了在抵押物处置前期工作阶段的评估价值判断偏差外，在处置抵押物后期，在房地产企业破产实务中最为凸显的阻碍便是抵押登记注销困难。房地产企业的抵押物通常是在建工程，管理人在处置抵押物后期即办理房屋产权证时，往往需要抵押权人提前解除对房地产项目土地使用权的抵押登记，但抵押权人出于对破产房地产企业偿债能力不足和担保能力丧失的考虑，抵押权人通常不愿意轻易解除抵押登记，为了保证自己的利益，抵押权人大多希望在行情较好、抵押物价值上浮时解除抵押登记，抵押权人的不配合导致管理人无法及时为购房小业主办理房屋过户登记，事实上不仅损害了购房小业主的利益，也损害了建筑工程款债权人等其他债权人

的利益，也违背了《企业破产法》的利益平衡原则。

三、《民法典》背景下抵押物转让制度对破产实务的启发

结合《民法典》背景下的抵押物转让制度的特征与管理人在处置抵押物时遇到的阻碍，我们可以展望，抵押物的自由转让和抵押权的追及效力将为破产程序中抵押物的处置提供新思路和法律依据。

通过对于《民法典》第四百零六条的解读，认为可将该条所规定的抵押物可以进行自由转让适用于房地产企业破产程序中为购房业主进行"带押过户"。从理论上来分析，抵押物的所有权人与受让人意思表示真实，不动产登记机构在办理抵押期间，抵押人转让抵押物申请的，只要抵押人能够提供书面证明，证明其已经履行了通知抵押权人将转让抵押物的义务，不动产登记机构就应当为其办理房屋过户登记。如此，如破产程序中，抵押权人为了自身利益而迟迟不进行抵押登记解除导致无法办理房屋过户登记的阻碍也迎刃而解，同时，因为抵押权的追及效力，在实现抵押权的条件成就时，抵押权人仍可以对抵押物行使权利。随后便要考虑"带押过户"在不动产登记中心是否可操作。因为笔者身处上海，故对《上海市不动产登记技术规定》（以下简称"《登记规定》"）进行了查阅，根据《登记规定》第1.6条不动产登记簿记载内容"不动产抵押权状况，包括抵押权人、抵押人、抵押方式、抵押担保的范围、主债权数额、债务履行期限、最高债权确定事实和数额、登记类型、登记原因、不动产转让的约定等"，故可以得出上海市不动产登记中心可以对抵押物的转让的特殊约定进行登记。但是根据笔者了解，对于带抵押房产是否可以在不动产登记中心进行过户登记，上海各区的操作仍未统一，并且对于房产的带抵押过户登记整体趋于保守态度，对于2021年之前设立抵押权的房产，一律不能够带抵押进行转让，而对于2021年之后设立抵押权的房产带抵押转让问题，各区的答复并不明确，但可以基本推测未来的登记趋势是，如在

抵押权登记时将禁止或者限制转让抵押财产的约定进行登记的，上海不动产登记中心将按照约定判断是否进行房产带抵押过户登记，如在抵押权登记时未将禁止或者限制转让抵押财产的约定进行登记的，上海不动产登记中心可以办理房产带抵押过户登记。

四、结语

鉴于目前并没有相关的法律法规对该新抵押物转让制度与破产实务进行衔接，以上关于破产实务中进行房产带抵押转让的设想是否具有实操性仍需要不断摸索和实践。但《民法典》对于抵押物自由转让制度和抵押权追及效力的确立对于破产实务具有深远的意义，其与《企业破产法》相辅相成，更好地创建良好和谐的经济发展环境。

物业公司破产后
小区物业运营费用如何取回

杨文珺、刘海川

随着一轮房地产企业进入破产程序，物业管理公司进入破产程序也非鲜见。管理人在接管物业管理公司账户时发现，物业管理公司的账户里除了有物业管理费还有其所管的物业管理区域里的经营费用（如停车费、广告费等）。那么究竟哪些费用属于破产财产？管理人接管之后，小区业主是否能行使取回权拿回属于小区全体业主的物业运营费用？本文试着结合物业管理的不同模式进行分析和探讨。

一、物业管理模式的类型

现如今，物业公司的管理模式主要分为“酬金制”和“包干制”两大类。“酬金制”是指在预收的物业服务资金中按约定比例或者约定数额提取酬金，支付给物业服务企业，其余全部用于物业服务合同约定的支出，结余或者不足均由业主享有或者承担的物业服务计费方式。“包干制”是指由业主向物业管理企业支付固定物业服务费用，盈余或者亏损均由物业管理企业享有或者承担的物业服务计费方式。

在物业费的构成上，酬金制由于预先将物业公司的管理酬金单列提出，所以物业费可以相对直观地分为物业公司酬金及物业服务支出两个方面；包干制采用一种算统账的管理方式，除去物业公司支出的服务成本，剩余款项作为物业公司的利润存在。从物业费的收取看，薪酬制下的物业公司可以根据业主大会决定的预期服务质量测算相应的酬金收取标准，并对物业费的收取进一步细化；包干制下的物业公司往往依据收费价格标准确定服务内容及服务标准，一般不可以随意调整。从物业公司的责任来看，酬金制下的物业公司有义务向业主大会公布物业服务年度决算、资金使用收支等信息，而包干制下的物业公司往往没有这方面的强制要求。通常商业物业和高端住宅物业及外资物业管理公司多采用酬金制，传统住宅小区多采用包干制。

二、物业服务的收费标准

针对酬金制和包干制在物业资金收费标准和使用上的区别，上海市对此制定了相应的立法。

根据《上海市住宅物业管理规定》第四十八条，物业服务收费实行市场调节价，由业主和物业服务企业遵循合理、公开、质价相符的原则进行协商，并在物业服务合同中予以约定。同一物业管理区域内实施同一物业服务内容和标准的，物业服务收费执行同一价格标准。市房屋行政管理部门应当定期发布住宅小区物业服务标准。物业管理行业协会应当定期发布物业服务价格监测信息，供业主和物业服务企业在协商物业服务费用时参考。物业服务企业应当将服务事项、服务标准、收费项目、收费标准等有关情况在物业管理区域内公告。实行物业服务酬金制收费方式的，物业服务企业应当每年向业主委员会或者全体业主报告经审计的上一年度物业服务项目收支情况，提出本年度物业服务项目收支预算，并在物业管理区域内公告；实行物业服务包干制收费方式的，物业服务企业应当在调整物业服务收费标准前，将经审计的物业服务费用收支情况或者经第三方机构评估的收费标准向业主委员会或者全体业主报告，并在物业管理区域内公告。前款中的公告应当在物业管理区域内显著位置予以公示。因此，针对酬金制物业管理模式，物业公司向业主委员会或全体业主公布物业收支情况是强制性的，相关公示义务、信息披露义务的要求较高。相比较而言，包干制物业管理模式下物业公司只需要在调整收费标准前向业主委员会或全体业主披露收支情况，不需要每年都进行公示。

同时，根据《关于进一步贯彻实施〈上海市住宅物业管理规定〉的若干意见》第十五条“物业服务收费”，物业服务收费实行市场调节价。住宅物业管理区域已组建业主大会的，由业主大会与物业服务企业按照合理、公开、质价相符的原则，协商确定物业服务内容、物业服务收费标准和收费方式，并在物业服务合同中予以约定。鼓励建设单位、业主大会在选聘物业服务企业之前，委托第三方评估机构进行物业服务价格评估。实行物业服务包干制收费方式的,物业服务企业在调整物业服务收费标准前，应当委托第三方评估机构进行物业服务价格评估，或者委托有资质的中介机构对前十二个月的物业服务费用收支情况进行审计。物业服务企业应当向业主委员会或者全体业主报告审计或者评估结果，并在物业管理区域内公告。该意见进一步规定了包干制物业管理模式下，调整物业服务收费标准的审计区间为变价前十二个月，对酬金制物业管理模式没有提及。

在上海市的有关规定中，并没有明确说明物业管理公司是否需要设立专门的资金共管账户，但是从市场一般习惯来看，设立专门的物业大账也是普遍现象。相比较而言，我国其他地区的一些立法中已经明确说明了建立资金共管账户的必要性。

从北京地区来看，根据《北京市物业管理条例》第七十二条，业主应当根据物业服务合同约定的付费方式和标准，按时足额交纳物业费。业主逾期不交纳物业费的，业主委员会或者物业管理委员会应当督促其交纳；拒不交纳的，物业服务人可以依法提起诉讼或者申请仲裁。业主拒不执行人民法院生效法律文书的，人民法院可以依法对业主发出限制消费令、将其纳入失信被执行人名单。采取酬金制交纳物业费的，物业服务企业应当与业主委员会或者物业管理委员会建立物业费和共用部分经营收益的共管账户。业主委员会或者物业管理委员会可以委托第三方对物业服务收支情况进行审计。

从深圳地区来看，根据《深圳经济特区物业管理条例》第五十一条，提供前期物业服务的企业应当自与建设单位签订前期物业服务合同之日起十日内，在与物业管理信息平台共享相关数据的银行（以下简称“数据共享银行”）设立用于存储业主共有资金的专门账户，作为业主共有资金共管账户。业主大会设立业主共有资金基本账户后十五日内，物业服务企业应当将业主共有资金转入业主共有资金基本账户，并撤销业主共有资金共管账户。提供前期物业服务企业应当接受筹备组、业主大会对业主共有资金收支情况的监督。

三、破产程序中的物业资金取回问题

1. 物业管理账户内的款项性质和归属

包干制管理模式下物业服务费用的构成包括物业服务成本、法定税费和物业管理企业的利润。酬金制管理模式下预收的物业服务资金包括物业服务支出和物业管理企业的酬金。

根据《物业服务收费管理办法》第十一条的规定，物业服务成本或物业服务支出一般包括如下内容：①管理服务人员的工资、社会保险和按规定提取的福利费等；②物业共用部位、共用设施设备的日常运行、维护费用；③物业管理区域清洁卫生费用；④物业管理区域绿化养护费用；⑤物业管理区域秩序维护费用；⑥办公费用；⑦物业管理企业固定资产折旧；⑧物业共用部位、共用设施设备及公众责任保险费用；⑨经业主同意的其它费用。物业共用部位、共用设施设备的大修、中修和更新、改造费用，应当通过专项维修资金予以列支，不得计入物业服务支出或者物业服务成本。

因此，酬金制物业管理模式下，物业公司根据业主大会决定的预期服务质量测算确定相应的酬金收取标准后，剩余的费用均需投入到上述物业服务的费用支付中，物业服务支出中的盈亏问题与物业管理公司无关，如果当年度费用有所节余可以顺延到下一年度使用。包干制物业管理模式下，物业公司的利润在扣除上述物业服务成本后才得以体现，预先无法进行测算及拨付，所以物业公司为了保证一定的利润金额会在工作中缩减物业服务成本。

在实务中，部分实行酬金制物业管理模式的小区可能会遇到如下问题：一旦物业公司进入破产程序，小区业主是否可以取回物业账户里的钱？就这个问题，本文认为应当从物业费的属性和物业资金的组成出发理解。从物业费的属性来说，物业费是归全体业主共有的，只是经过业主委员会或业主大会投票后决定委托某一物业公司在本小区开展物业服务，用于存储业主共有资金的专门账户一般亦作为共管账户存在，物业费本质上并不是物业公司的财产。从物业资金的组成来说，酬金制管理模式下物业公司的报酬已经由业主委员会或业主大会预先决定，已经从物业服务费用支付中剥离开来，剩余资金的使用与物业公司的报酬无关，小区业主如向管理人提出取回剩余物业费具有一定的合理性。

2. 行事取回权的现实障碍

所谓取回权，是指当破产管理人接管破产企业移交的财产时，对于不属于破产企业的那部分财产，其所有人有从破产管理人处取回的权利。根据我国《企业破产法》第三十八条的规定：人民法院受理破产申请后，债务人占有的不属于债务人的财产，该财产的权利人可以通过管理人取回。但是，本法另有规定的除外。

取回权的权利基础是返还原物请求权和占有返还请求权等物权权利，返还原物请求权和占有返还请求权的标的物都仅限于特定物，取回权的行使通常也只限于取回原物。而货币是典型的种类物，具有高度代替性，货币的原所有人一旦将货币转移，即丧失了对该货币的控制权，因此在实体法上，货币不发生返还原物请求权，货币丧失占有后，货币的原权利人无法通过物权请求权主张权利，仅能通过债权请求权，基于借贷合同关系或者侵权关系，请求借款人返还借款或者侵权人赔偿损失。因此如果对货币行使取回权，必须要求该货币具有物权属性，或者在法律上有明确规定，或者当事人通过双方合意赋予货币特定性，将货币进行特定化，但是特定化的货币在形式上必须具备独立性，且该独立性始终保持不变，一旦发生该货币与其他财产混同的情况，其独立性不复存在，货币恢复其种类物的属性。因此，如物业公司进入破产程序，需要重点考察其所管理的物业项目就物业费是否设有专户管理，专户内资金是否与物业公司其他资金款项存在混同。如物业公司采取的是酬金制服务模式，须重点核查物业费账户资金除正常支付酬金和发生的物业费收支外，有无其他无关资金流入。如发现物业费账户存在与其他资金混同的情况，则账户内物业费失去其特定物属性，可能导致相关资金无法正常行使取回权。

四、总结

在物业公司进入破产程序后，对于法律规定属于全体业主共有的物业管理专户内物业费余额，业主可以通过业主委员会或者业主大会向管理人主张取回，管理人在收到取回权申请后，须对物业管理费账户进行专项审计，以便确定物业费管理账户是否具有独立性，是否具备取回权行使基础，从而判断是否可以准予取回。

职工债权及职工债权表决权

杨文珺、刘海川

在企业破产清算或破产重整过程中，如何处理企业现有员工的所欠薪酬、业务岗位等问题是管理人工作的重点之一。在我国现有破产法立法中，对职工债权的范围、清偿顺序、表决程序等问题均进行了一定的规定。本文将结合管理人实务过程中遇到的部分职工债权问题，对职工债权的范围、职工债权表决的程序等进行探讨。

一、职工债权的范围及其清偿顺序

我国《企业破产法》第四十八条已经较为明确地阐述了职工债权的范围，即“债务人所欠职工的工资和医疗、伤残补助、抚恤费用，所欠的应当划入职工个人账户的基本养老保险、基本医疗保险费用，以及法律、行政法规规定应当支付给职工的补偿金”，所以一般意义上的职工薪酬、五险一金、法定的补助金等费用均属于职工债权的范围。

根据《企业破产法》第一百一十三条的规定：破产财产在优先清偿破产费用和共益债务后，依照下列顺序清偿：（一）破产人所欠职工的工资和医疗、伤残补助、抚恤费用，所欠的应当划入职工个人账户的基本养老保险、基本医疗保险费用，以及法律、行政法规规定应当支付给职工的补偿；（二）破产人欠缴的除前项规定以外的社会保险费用和破产人所欠税款；（三）普通破产债权。破产财产不足以清偿同一顺序的清偿要求的，按照比例分配。破产企业的董事、监事和高级管理人员的工资按照该企业职工的平均工资计算。因此，破产财产在优先清偿破产费用和共益债务后，第一顺位需要清偿的就是职工债权。

但是在实务过程中，由于破产企业在薪酬发放模式、计算模式上有所差别，可能产生部分债权人认为的职工债权与最终认定的职工债权不一致的情况。本文总结部分问题如下：

1. 员工代公司垫付款项是否可以认定为职工债权?

在公司实际经营过程中，可能存在员工为公司垫付费用的情形，如部门领导先行垫付下属员工的差旅费、提成，抑或员工先行垫付公司的货款等。管理人在判断该类债权是否作为职工债权处理时，应当审查该类资金用途及性质，以及以往公司在处理该类垫付费用时的财务模式及报销习惯。

在上述举例中，员工为公司垫付的差旅费、业绩提成等从事实上应当属于破产企业所欠职工的工资。在公司不能及时支付员工劳动收入的情形下为公司员工垫付该类费用，将此项支出纳入到职工债权符合企业破产法立法精神，即我国《企业破产法》第六条规定：人民法院审理破产案件，应当依法保障企业职工的合法权益，依法追究破产企业经营管理人员的法律责任。

但是，当员工先行垫付公司货款时，员工与公司之间的债务是否仍然可以作为职工债权处理存在争议。有学者认为，员工在垫付公司货款等生产经营类费用时，属于公司与员工之间的借款，应当作为普通债权处理；也有学者认为，员工垫付公司货款从本质上仍然属于员工为获取劳动报酬进行的必要支出，为更好地保障职工权益应当作为职工债权处理。

2. 员工出资参与公司项目的本金及收益是否可以认定为职工债权?

在部分企业生产经营过程中，存在向员工集资参与公司经营的情况。在这种情况下，公司一般会预先向员工承诺项目的安全性及保底收益以吸引更多员工参与。在实际集资过程中，主要存在两种类型：一是主要用于生产经营活动的职工集资，二是用于非生产经营活动的普通集资。在判断集资的用途是否为生产经营活动时，应当以集资时的约定、公司与劳动者双方的意思表示等综合认定集资用途,而不应以集资款项的流向单独判断。《企业破产法》条文中并未明确涉及有关职工集资款项的职工债权认定问题，《最高人民法院关于审理企业破产案件若干问题的规定》第五十八条规定："债务人所欠企业职工集资款，参照企业破产法第三十七条第二款第（一）项规定的顺序清偿。但对违反法律规定的高额利息部分不予保护。"职工向企业的投资，不属于破产债权。需要注意的是，本规定生效于2002年9月1日，新《企业破产法》公布之后既未对规定进行修订，也未宣布本规定失效。所以，规定中援引的《企业破产法》第三十七条在新《企业破产法》中已经发生变动，实务操作中无法依据现有条文对规定进行直接援引。虽然本规定在制定之初的立法背景与现今破产案件处理的现实情况有所差别，但是关于职工债权处理的立法精神并未变动，管理人应当从保障职工劳动所得的核心导向出发考虑职工债权的认定问题。综合考虑以上法律条文和实际案件处理因素，管理人在面对企业通过向职工集资的方式开展经营活动或对外投资时，应当审慎对待其中的职工债权认定问题，在充分考量借款用途、借款来源、收益保证和企业承诺等因素的基础上，综合判断是否需要将相关款项认定为职工债权。

3. 第三方垫付的职工薪酬是否可以认定为职工债权？

在企业经营过程中，如遇经营困难，公司可能通过请求第三方先行垫付的方式发放员工工资。在进入破产清算或破产重整程序后，这种第三方垫付职工工资形成的债权是否可以按照职工债权的性质进行清偿是债权人关注的重点。《全国法院破产审判工作会议纪要》第二十七条的规定：

"由第三方垫付的职工债权,原则上按照垫付的职工债权性质进行清偿。"因此，由第三方垫付的职工工资、五险一金、医疗、伤残补助金等费用均可以按照职工债权的性质予以优先受偿。之所以法律如此规定，是因为企业破产时职工的基本权利难以得到保障，应得的劳动报酬可能存在无法兑付的风险，通过将第三方垫付的职工薪酬认定为职工债权得以在破产程序中优先受偿，可以在一定程度上鼓励第三方通过垫付费用等方式维持职工的现有待遇，乃至于职工的安置问题。

二、职工债权表决的有关问题

在确认职工债权范围的基础上，如何合理安排职工债权接下来的表决问题是管理人接下来需要面对的问题。本文认为，职工债权表决中的问题主要体现在是否需要设置职工债权组，以及职工债权表决权如何行使两方面。

1. 职工债权组设置的必要与否

《企业破产法》第八十二条规定："下列各类债权的债权人参加讨论重整计划草案的债权人会议，依照下列债权分类，分组对重整计划草案进行表决：……（二）债务人所欠职工的工资和医疗、伤残补助、抚恤费用，所欠的应当划入职工个人账户的基本养老保险、基本医疗保险费用，以及法律、行政法规规定应当支付给职工的补偿金；……"因此，当破产企业存在欠付职工工资、五险一金等费用时，职工成为破产企业的债权人，可以并有权组成职工债权组对重整计划草案行使表决权。

由于破产企业及其重整方案的内容与企业职工密切相关，法律赋予职工债权组以表决权具有正当性和合理性。但是，在实际破产程序中，设立职工债权组并非绝对必要。《破产法司法解释三》第十一条第二款："根据企业破产法第八十二条规定，对重整计划草案进行分组表决时，权益因重整计划草案受到调整或者影响的债权人或者股东，有权参加表决；权益未受到调整或者影响的债权人或者股东，参照《企业破产法》第八十三条的规定，不参加重整计划草案的表决。”因此，根据法条精神，参与重整计划表决的应当是权益实质受到影响的债权人或股东，反之则不参加草案表决。如果重整计划并不涉及对职工权益安排的实质影响，则设置职工表决组并无必要。

在实务中，还可能存在一种特殊情况：破产企业不存在欠付职工工资及相关费用的情况，不存在职工债权人，但是重整计划中涉及对职工留任与否、岗位调整等问题。如果机械地套用《企业破产法》第八十二条的规定，则不需要设立职工债权组表决，但是重整计划的内容确确实实会对职工的未来利益产生重大影响。在这种情况下，虽然不存在法律意义上的职工债权人，但基于破产法的立法精神，应当考虑设置渠道给予职工表达诉求的途径以实现重整计划的公平性和可操作性。

2. 职工全员表决或职工代表表决的选择

从现有破产法规定来看，并没有条文明确说明职工债权组对重整计划草案的表决方式是职工表决还是职工代表表决。《企业破产法》第五十九条关于“依法申报债权的债权人有权参加债权人会议，享有表决权”的表述、第八十二条关于“职工债权组可以参加讨论重整计划草案的债权人会议”的表述又与第四十八条职工债权无须申报的规定存在明显冲突。因此，职工债权人虽然不属于债权人会议的一员，不享有表决权，但又可以参与到讨论重整计划草案的会议中并行使表决权。

在实务中，职工债权的表决方式主要存在两种：一是通过委派职工代表的方式行使重整计划表决权；二是在职工债权组中，由职工一人一票行使重整计划草案表决权进行表决。在不同类型的破产案件中，管理人往往会根据具体案情的不同选择相适应的表决方式。如果选择职工一人一票的方式进行表决，虽然可以进一步保障表决的公平性，但也会产生工作效率降低、破产进程推迟等问题。一些生产型企业员工众多，要求员工一人一票全部出席债权人会议可行性不高，且员工人数过多时难以形成统一意见，不利于重整方案的继续推进。同时，如果在重整方案中无法全额清偿所有职工债权，可能导致部分职工裹挟其他职工的意见，阻碍合理重整计划的通过，进而造成重整僵局。

基于上述原因，实务中很多重整案例都采取委派职工代表的方式行使表决权。根据《企业破产法》第五十九条的规定：债权人可以委托代理人出席债权人会议行使表决权。职工通过召开职工代表大会选举职工代表行使表决权，实质上是一种民事代理行为的表现。针对员工人数众多，或是难以通知并召集全体职工的情况，管理人可以在现有职工中选择一名代表进行公示，公示期满如无异议或异议人数未超过总职工人数一半的，可以视为确认职工代表。在此情况下，职工代表可以对债权人会议作出的决定行使表决权。

三、总结

在破产实务中，职工债权的处理是一个复杂且操作难度较大的工作，除本文总结的问题外，个案中均会遇到特殊的职工债权处理难题。如何在设置职工债权组与确定表决方式中兼顾效率与公平是管理人工作的核心要义，管理人需要在工作中慎之又慎，将保障职工合法权益落到实处。

浅析破产程序中关联方债权的审查及清偿问题

王斌、石语甜

根据《中华人民共和国企业破产法》及相关司法解释和纪要的规定，债权性质及清偿顺序一般为优先债权、普通债权及劣后债权。优先债权主要包括建设工程价款优先受偿权、有财产担保债权、职工债权、社保及税收债权等；劣后债权主要包括民事惩罚性赔偿金、行政罚款、刑事罚金等。此外，不属于破产债权的情形也在相关法律规定中有所列举和明确。通观破产所涉的法律规定不难看出，关联方债权的审查及清偿问题在法律层面上是一个空白；在实务操作中，管理人很难按图索骥，直接将关联方债权认定为某一性质的债权并确定其清偿顺序，个案中各管理人的审查意见和处理方式不尽相同。综上，本文对这一问题进行简要梳理和分析。

如上所述，由于法律规范的欠缺，管理人在实务中对关联方债权的清偿顺序的认定也不尽相同。通过初步检索，不少管理人往往将关联方债权认定为普通债权，也存在一些认定为劣后债权甚至直接不予确认的案例。普通债权以及不属于破产债权这两个情形，本文认为无须详述，在此先厘清劣后债权这一概念。

在破产法律规范的层面，劣后债权的概念可以说首见于 2018 年发布的《全国法院破产审判工作会议纪要》（以下简称“《纪要》”）中的这一规定：“破产财产依照企业破产法第一百一十三条规定的顺序清偿后仍有剩余的，可依次用于清偿破产受理前产生的民事惩罚性赔偿金、行政罚款、刑事罚金等惩罚性债权。”实际上，除了上述第 5 章“破产清算”第 28 条“破产债权的清偿原则和顺序”的规定外，在《纪要》的另一处也有劣后债权的身影，第 6 章“关联企业破产”第 39 条“协调审理的法律后果”：“但关联企业成员之间不当利用关联关系形成的债权，应当劣后于其他普通债权顺序清偿，且该劣后债权人不得就其他关联企业成员提供的特定财产优先受偿。”

虽然《纪要》的第 6 章通常被破产法院在审理关联企业实质合并破产时所援引，但其中第 38、39 条的规定对我们的问题也有所启迪。结合《纪要》的上下文，如果人民法院裁定采用实质合并方式审理破产案件，各关联企业成员之间的债权债务归于消灭；如果不存在实质合并情形，债务人处于破产程序或债务人及其关联方分别处于独立的破产程序，其间债权债务关系并不因此消灭，关联方有权申报基于关联关系形成的债权，管理人应当对此予以审查。但如果此债权系不当利用关联关系所产生的，其应当被认定为劣后债权，且不得对特定财产享有优先受偿权。

那么第一个问题随之而来，关联方债权都要劣后清偿吗？本文认为，这个答案是否定的。我们可以看到，对于其劣后债权的认定，需满足“关联企业成员之间不当利用关联关系形成的债权”的前提。那如何理解“关联企业成员之间不当利用关联关系”呢？

各地的破产案件工作指引鲜少提及这一问题并给出答案。《上海市高级人民法院破产审判工作规范指引（试行）》中对《纪要》第 39 条的规定进行了重申，但也只是点到为止。各地的案例相关的裁判也是屈指可数。虽然这一问题尚未形成统一的操作口径或者主流的裁判观点，但是透过个别案例，也可以窥见一些端倪。

例如，在广东省高级人民法院“广州金某精密电路股份有限公司（现改名为‘广州源某精密电子股份有限公司’）、惠州市德某集团有限公司普通破产债权确认纠纷”一案［（2020）粤民终2115号］中，一审法院针对这一问题有如下的论述：“关于控股股东德某集团公司的债权是否应属于劣后债权的问题。我国对控股股东的债权是否劣后于其他普通债权人的债权受偿并没有明确的法律规定。现金某公司引用衡平居次原则，要求管理人在确认德某集团公司的债权时应将该债权劣后于德某电子公司其他普通债权人的债权进行受偿，该主张能否得到支持取决于德某集团公司对德某电子公司的债权是否真实，或德某集团公司是否存在利用控股股东地位损害德某电子公司的行为。如德某集团公司的涉案债权是真实存在且在德某电子公司的经营过程中不存在损害该公司行为或其他不公正行为，控股股东的债权亦应得到公平受偿。”二审法院也秉持同样的裁判思路，维持了一审判决。

该案中当事人及法院提及的“衡平居次原则”其实早在2015年最高人民法院发布的典型案例“沙某公司诉开天公司执行分配方案异议案”中就有所提及。该案当事人对执行分配方案的主要争议在于，出资不实股东因向公司外部债权人承担出资不实的股东责任并被扣划款项后，能否以其对于公司的债权与外部债权人就上述款项进行分配。审理法院最终否定了出资不实股东进行同等顺位受偿的主张，其认为，虽然我国法律尚未明确规定，而美国历史上深石案所确立的衡平居次原则对本案的处理具有一定的借鉴意义。在该类案件的审判实践中，若允许出资不实的问题股东就其对公司的债权与外部债权人处于同等受偿顺位，既对公司外部债权人不公平，也与公司法对于出资不实股东课以的法律责任相悖。

破产程序在某种意义上是执行程序的延伸，执行分配中的受偿顺位对破产债权的清偿顺序是一脉相承的，这一案例实际上给破产法的实践操作提供了一个思路，已经可以从中窥见关联方债权劣后清偿的裁判倾向。

值得注意的是，从上述两个案例以及美国破产法下的衡平居次原则，可以大概摸索出将关联方债权认定为劣后债权的核心在于关联方是否存在“不公正行为”，是否损害了债务人及其他债权人的合法利益，同等顺序清偿是否违背了“公平对待每一个债权人”的破产法基本精神。

那么第二个问题接踵而来，有哪些“不公平行为”呢？重庆市高级人民法院《关于审理破产案件法律适用问题的解答》(以下简称“《解答》”)中提出了一些观点，值得我们关注和参考。

《解答》第5条规定：“具有以下情形之一的，可以将公司股东或实际控制人对公司债权确定为劣后债权，安排在普通债权之后受偿：

（一）公司股东因未履行或未全面履行出资义务、抽逃出资而对公司负有债务，其债权在未履行或未全面履行出资义务、抽逃出资范围内的部分；

（二）公司注册资本明显不足以负担公司正常运作，公司运作依靠向股东或实际控制人负债筹集，股东或实际控制人因此而对公司形成的债权；

（三）公司控股股东或实际控制人为了自身利益，与公司之间因不公平交易而产生的债权。公司股东或实际控制人在前述情形下形成的劣后债权，不得行使别除权、抵销权。”

在这样的思路指引下，重庆地区已陆续出现一些案例予以呼应。例如，在重庆市第二中级人民法院“巫溪县国某置业有限公司与陈某某普通破产债权确认纠纷”一案[(2021)渝02民终612号]中，法官给出了如下说理：“陈某某作为国某公司的时任股东，未履行如实出资的义务，若允许陈某某就其对国某公司的债权与其他普通债权人处于同等受偿顺位，与公司法对于出资不实股东课以的法律责任相悖，会导致对其他普通债权人不公平的结果。”

尽管有一些案例和指引可供管理人参考，但关联方债权审查的标准实际上还并不统一；并且，关联方债权形成的原因各不相同，债权相关的证据审查难度也很高，关联方债权是否为劣后债权需要在每一个个案中由管理人或者法官具体情况具体分析。因此，破产程序中关联方债权的审查对于管理人而言仍是一个不小的难题，是对管理人履职能力和水平的一个考验。管理人在认定关联方债权切不可眉毛胡子一把抓，不实质审查关联方债权的成因及过程，一概认定为普通债权；亦不可矫枉过正，遇到只要是关联方之间形成的债权，就一概做劣后处理，甚至不予确认。

那么，又重新回到第一个问题，鉴于关联方债权需要在个案中予以确定其清偿顺序，那么管理人如何才能作出更为公平合理的判断呢？结合以往的债权审查的粗浅经验，总结了如下针对关联方债权审查的大致步骤和注意事项：

（一）审查申报债权人是否属于债务人的关联方。关联方的认定标准可以参考《企业会计准则第 36 号——关联方披露》《中华人民共和国公司法》《上市公司信息披露管理办法》等法律法规规定。因篇幅有限，在此对关联方认定问题不再展开。

（二）审查债权的类型。例如基于关联交易所形成的债权，比如关联企业成员之间的采购、销售、委托关系等情况；或者是关联方代债务人偿还债务、垫付经营费用、资金拆借等情况。

（三）审查债权的真实性和公平性。对于关联交易形成的债权，应审查其法律关系是否真实存在、交易履行情况、是否客观公允等等；对于资金往来形成的债权，应审查其垫付代付所依据的基础事实是否存在、金额是否相符、资金往来是否履行了公司章程或法定审批程序等等；

（四）审查债权所涉的财务状况。管理人应依据原始凭证、关联方间的对账单、财务账册等财务资料，并结合会计师事务所的审计意见予以审查；

（五）审查关联方尤其是控股股东或者实际控制人的出资义务是否履行，是否有其他不当或者损害债权人利益的行为。

综上，期待在不久的将来，法律规范对上述问题能有更为清晰的指引，管理人的债权审查工作也能更为有的放矢、有法可依。

浅析破产重整中债务人的自行管理制度

杨文珺、金雪怡

破产重整是指针对可能已经发生破产原因但又有挽救希望的企业，通过对各方利害关系人的利益协调，进行业务上的重组和债务调整，以使得企业摆脱财务困境，获得更生的法律制度。重整期间，对于债务人的财产管理和业务经营有两种模式：一种是由债务人自行管理，另一种是由法院指定的管理人进行管理。我国《企业破产法》也对上述两种管理制度进行了规制，本文主要就债务人自行管理制度展开讨论。

一、我国债务人自行管理制度的立法现状

我国《企业破产法》第七十三条规定："在重整期间，经债务人申请，人民法院批准，债务人可以在管理人的监督下自行管理财产和营业事务。有前款规定情形的，依照本法规定已接管债务人财产和营业事务的管理人应当向债务人移交财产和营业事务，本法规定的管理人的职权由债务人行使。"由此得出，我国立法中确立了以管理人管理为原则，以债务人自行管理为例外的管理制度。但《企业破产法》也只是简单提出了在破产重整程序中债务人可申请自行管理，《企业破产法》及其司法解释均未对如何适用给出详细的规制。2019 年 11 月出台的《九民纪要》第 111 条对重整

程序中债务人自行管理条件进一步作出规定："重整期间，债务人同时符合下列条件的，经申请，人民法院可以批准债务人在管理人的监督下自行管理财产和营业事务：（1）债务人的内部治理机制仍正常运转；（2）债务人自行管理有利于债务人继续经营；（3）债务人不存在隐匿、转移财产的行为；（4）债务人不存在其他严重损害债权人利益的行为。"就此，对于债务人可进行自行管理的条件有了初步规制，使得在实践中如何适用该制度有了实操性。

二、债务人自行管理制度的适用现状

在"全国企业破产重整案件信息网"通过高级检索方式以"自行管理"为关键词检索 2021 年有关债务人自行管理的文书，经初步整理，2021 年已公开的经法院准许债务人在管理人监督下自行管理财产和进行营业事务的有 19 件。在这些案件中，绝大多数债务人均是在法院裁定受理破产重整申请后申请自行管理；也不乏债务人在进入破产重整程序前进行预重整，早已作出自行管理的构想，故在法院受理破产重整同日即申请自行管理，法院于同日决定准许债务人自行管理，例如东方某某网络传媒股份有限公司 2021 年 5 月 26 日进入预重整程序，2021 年 10 月 27 日，在法院裁定受理破产重整申请的同日即提出自行管理的申请，法院于同日作出决定准许；还有少部分债务人为破产清算转入破产重整程序，例如芜湖天某能源科技有限公司，在破产清算转破产重整后经第一次债权人会议投票表决通过了《关于提请债权人会议表决债务人自营的报告》并向法院申请自行管理。由此可见，无论是直接进入破产重整程序，还是由预重整进入破产重整程序，或者是破产清算转破产重整程序，债务人申请自行管理的时间均是在受理破产重整之后，那么这个申请时间是否合理，存在疑问。本文认为，《企业破产法》七十三条规定的内在逻辑在于法院准许债务人自行管理必须要在受理破产重整后，而非债务人申请自行管理必须在法院裁定受理破产重整后。《九民纪要》第 111 条第二款也规定："债务人提出重整申请时可以一并提出自行管理的申请。"故债务人实际上可以在递交破产重整申请时同时递交自行管理申请，法院一同进行审查，能够节约司法成本，实际上审查是否受理破产重整和批准自行管理存在相通性，一同审查能够有效提升效率。

另外，债务人申请自行管理的管理人往往属于需要较强专业性的行业，例如房地产开发、制药、能源、化工能行业，其申请理由主要有如下几点：（1）公司机构健全，且正常有效运行，董事、监事及高级管理人员队伍稳定；（2）因企业所涉行业的特殊性和专业性，原管理团队更熟悉企业运营模式，更能够洞悉行业信息，更利于公司持续平稳经营及财产保值，更有利于实现债务人财产价值最大化；（3）由企业自行管理更有利于调动员工的工作积极性，发挥自身优势，配合推动破产重整程序，减少管理人用于熟悉公司业务及运营的时间成本。

最后，通过研究上述 19 个法院准许债务人自行管理的文书可以发现，在实务中，虽然自行管理的申请主体为债务人，但是在法院审查是否批准债务人自行管理时，管理人的意见具有重要的参考意义，例如成都天某环境股份有限公司破产重整一案、云南师某焦化有限责任公司破产重整一案中，法院在决定书中均指出，债务人申请自行管理已经过管理人审查或在债务人申请前管理人已向法院提交了同意债务人自行管理的相关文件，由此可见管理人在接管债务人后会对债务人自行管理进行评估，管理人的评估除了考虑债务人财产状况、管理层稳定性、债权人意见外，意向投资人的意见也是管理人的重点考虑因素，因为债务人是否能够在困境中更生取决于意向投资人最终是否参与重整，而由债务人自行管理需要意向投资人与债务人之间建立较高的信任度，所以为了保证破产重整顺利进行，征询意向投资人意见也是必不可少的。

三、债务人自行管理制度的优势

重整制度的设立目的就在于挽救陷入困境的企业，通过对企业资产进行优化重组，促进企业恢复生产经营，从而使得企业走出破产困境。那么我们不得不提问，在破产重整程序中，在法院裁定破产重整之时便会指定管理人对企业进行管理，在已经有管理人的情况下为何还需要设置债务人自行管理制度？本文认为可以从债务人自行管理相较于管理人进行管理所具有的优势进行讨论。

1. 债务人对其所在的行业领域更具专业优势

从实践来看，申请破产重整的企业往往都是大中型企业，这种企业往往有自身的合作资源和行业积累，进一步来说，会选择申请自行管理的债务人往往是处于某种具有较强专业性行业的大中型企业，例如前文所述的房地产、能源、制药等领域。债务人能够立足于该行业，往往得益于其较强的专业能力甚至一定的品牌效应，而且其管理团队自身有一套行之有效的成熟的管理方案及运营模式，在所处领域有较为丰富的经验，能够更快地洞悉市场动向，把握市场机遇，这是债务人自行管理的先天优势。而法院指定的管理人通常局限于律师事务所或者会计师事务所，虽然其在法律问题解决和财产处理及分配方面相较于债务人更专业，但是劣势也是显而易见的。要求长期从事服务业的中介结构在短时间内凭空获得管理能力与经营能力以替代原企业管理层发号施令维持企业经营，显然是不切实际的，如此要求管理人过于苛刻。同时，对于管理人来说，如何协调债务人管理层及员工，并且进行接洽融合也是一个难点，而由债务人自行管理则能够巧妙地减少此部分时间成本，发挥其专业优势，在管理人监督下更快、更好地恢复经营，把握市场机遇，实现重整目的。

2. 债务人自行管理更能够调动债务人重整积极性

相较于管理人管理，债务人自行管理模式下债务人的动机更为纯粹。

从实践来看，债务人进行破产重整十有八九是自行申请，其申请重整目的在于恢复自身经营，摆脱危机。而管理人作为法院指定的中立方，其目标虽然也是重整成功,但是管理人还需要考虑在重整程序中自身的执业风险、各方的利益平衡、管理的难易程度等因素。如果由债务人自行管理，那么作为企业的实际控制人，其仍然处于权利中心，能够更好地避免其“临阵脱逃”。同时，在自行管理过程中赋予了债务人更多自治权利的同时也给予了其更多的压力，在此模式下管理人履行更多的是监督职责，如果债务人不主动在债权人之间斡旋，不利用积累的资源获得商业机会，不利用自身市场号召力吸引投资人获得资金，其所面临的是法院宣告破产清算，企业彻底消亡。

3. 债务人自行管理能够提高重整效率

除了债务人所具有的对自身行业的市场洞察力及专业优势能够提高重整效率外，事实上不少债务人在进入破产重整程序前往往通过一系列举措进行了自救，例如自行寻找投资人盘活现金流，或者积极开拓市场，获得更多商业机会，或者替换原有存在问题的管理层，引入优秀人才进行经营管理。进入破产重整程序后，债务人前期的这些努力并不会白费，在此基础之上，相较于管理人从零开始接管债务人再到寻找投资人或者接替债务人接洽投资人，债务人自身在其行业内往往具有一定的知名度，在自行管理模式下，法院的司法公正性和管理人的有效监督对于投资人和债权人来说是一种保障，增加了债务人的可信度，从而使得债务人与投资人、债务人与债权人的协商能够更加深入并快速推进重整程序，从而促成重整成功。

四、债务人自行管理制度的不足及完善建议

虽然我国《企业破产法》早已规定了债务人自行管理制度，但是对于该制度仅是概括性的规制，较多的立法空缺导致无法满足司法实践的迫

切需要，实践中这一制度的适用情况也是少数。

《企业破产法》并没有规定法院准许债务人自行管理统一裁判标准和尺度，经检索，在19个管理人自行管理的案件中，各个决定书或复函中法官对于准许债务人自行管理的侧重理由各不相同，甚至有少部分文书并没有说明准许债务人自行管理的理由。法律确定性不够导致了法院对于是否适用该制度处于审慎态度，通常情况下对于债务人的申请会进行严格审查，从而使得该制度在实践中适用情况较少，实际上使得债务人自行管理制度的优势被泯灭，破产重整的效率大打折扣。故我国应当填补该部分的立法缺失，明确债务人自行管理的适用条件以及程序运行等条件，使得法官裁判有法可依，逐步改变以管理人为中心的破产重整模式，这样才能更大程度地发挥出该制度的优势，激发债务人挽救企业的主观能动性。一个完善的制度不仅需要明确准入机制，更需要有全面的退出机制，从目前立法来看，仅有《九民纪要》第一百一十一条对此进行了规定，管理人能够向法院申请终止债务人自行管理，债权人只有在管理人不履行职责时才能向法院申请终止。本文认为，应当直接赋予债权人向法院申请终止债务人自行管理的权利，因为债权人和债务人实际上存在利益冲突，其利益往往是此消彼长的关系，为保护债权人利益应当将该权利赋予债权人。

该制度的不足还体现在我国法律对债务人监督机制的不健全，《企业破产法》仅七十三条规定由管理人监督债务人自行管理，未对债权人委员会是否有权进行监督作出明确的规定。在整个破产程序中，债务人的财产和经营状况直接影响着各债权人的利益，而实践中，在重整计划执行期间，债权人的参与度几乎为零，故应当对自行管理时债权人的监督权作出规定，从法律上赋予债权人监督债务人自行管理的权利。本文认为可以从以下几点切入：首先，债权人和管理人申请终止债务人自行管理应当处于同一顺位，而非债权人只能在管理人怠于行使该权利时才可申请；其次，应当引导债权人通过法人治理机构实施管理监督，例如在债务人自行管理期间，债权人可推选债权人代表列席股东会或董事会，甚至赋予一定表决权，从而预防债务人利用自行管理制度转移、隐匿财产，损害债权人利益，同时也可以提高债权人在破产重整的参与度，只有在债权人充分了解债务人经营状况时，才更有利于后续重整计划的顺利通过；最后，应当设置定期报告制度，债务人应当定期向管理人及债权人披露公司目前的经营情况、财务收支情况、管理制度等，也可以赋予债权人主动调查债务人营业和财务状况的权利，甚至参与制定重整计划方案。

综上所述，债务人自行管理制度虽然在我国《企业破产法》现有框架下适用的较少，但该制度在破产重整中的天然优势却不容小觑。债务人自行管理制度下诚然也存在债务人可能利用该制度进行逃废债务，或者债务人管理层发生道德风险导致企业管理失控，这就需要设置强有力的监督机制降低债务人决策风险、防止债务人权利滥用，具备完善的监督机制是债务人自行管理模式的基础，在监督机制未完善时，债务人自行管理制度的推行仍需循序渐进、审慎对待，所以进一步补充债务人自行管理制度的立法缺失为当务之急，在明确的法律制度下才能最大限度地发挥该制度的优势，在兼顾效率和公平的基础上取得破产重整的成功。

浅议重整计划表决中股权让与担保的处理

陈鹏

一、背景案件

甲公司是持有A公司100%股权的股东，因甲公司融资需要向乙公司借款，为增强甲公司的偿债能力，甲公司将其持有的A公司100%股权转让至乙公司名下，并约定如甲公司到期没有清偿债务，乙公司可以对该等股权优先受偿。

2020年初因甲公司、A公司经营不善，经债权人申请均进入破产清算程序并分别指定了管理人。

在A公司清算过程中，出于实现各方利益最大化的考量，拟申请转入重整程序，因重整计划必将涉及A公司出资人权益的调整，根据《企业破产法》第八十五条第二款之规定："重整计划涉及出资人权益调整事项的，应当设出资人组，对该事项进行表决。"

本文将讨论在重整计划制定及提交表决过程中，应当如何处理出资人存在的股权让与担保问题。

二、让与担保的前世今生

让与担保是大陆法系国家沿袭罗马法上信托行为理论并吸纳日尔曼上的信托行为成分，经由判例学说形成的非典型担保制度，其以当事人权利（所有权）转移方式达成担保信用授受目的为特征。

在我国进入《民法典》时代前，1995年《担保法》、2007年《物权法》中均没有对让与担保进行明确规定。2015年《最高人民法院关于审理民间借贷案件适用法律若干问题的规定》第二十四条在司法解释层面，规范了“买卖型担保”的审判口径。直到2019年《最高人民法院关于印发 < 全国法院民商事审判工作会议纪要 > 的通知》[法(2019)254号，下称“《九民纪要》”]，首次正式确认让与担保的合同效力，并建立了类似于禁止流质、流押条款的担保物清算制度。

虽然《民法典》并未明文规定让与担保，但却通过明确担保合同的范围，为让与担保留下了空间。《民法典》第三百八十八条第一款规定：“设立担保物权，应当依照本法和其他法律的规定订立担保合同。担保合同包括抵押合同、质押合同和其他具有担保功能的合同。”

随后《最高人民法院关于适用〈中华人民共和国民法典〉有关担保制度的解释（下称“《民法典担保制度解释》”）对包括让与担保在内的非典型担保作出了明确规定，基本吸收继承了《九民纪要》确立的认可让与担保效力，担保物需经清算程序后优先受偿而不能径行主张物权的司法审判意见。

三、出资人权益调整与股权让与担保的冲突

破产重整程序是对陷入困境的债务人企业进行拯救的法定程序之一。通过破产重整，可以最大限度地维护债务人企业、债权人、企业投资人以及第三人的利益。破产重整中，债权调整和出资人权益调整往往是重整计

划的核心，从我国目前公司破产重整实践看，调整股东股权几乎均是重整计划的重要内容。

重整计划对出资人的权益调整事项可能涉及债务人企业的方方面面，比如为清偿债务、改善企业财务状况而增加资本、发行新股、股权让渡，从而改变原有出资人持股比例等。为了维护出资人利益，保证出资人权益调整方案的公允性，《企业破产法》要求在重整计划涉及出资人权益调整事项时设立出资人组，对该事项进行表决，这也是很多国家的通行做法。由于出资人权益调整事项涉及全体出资人的利益，因此全体出资人都应当是出资人组的成员。

但如背景案件中所述，当意欲进行破产重整的A公司的“原股东”甲公司，已通过设立让与担保的方式将全部股权转让给乙公司，并已经完成工商登记的变更手续，同时甲公司自身也已经进入破产清算程序，那么对于A公司重整计划中的出资人组表决，至少有以下几点值得考量：

1.A公司的出资人是甲公司还是乙公司?

《九民纪要》规定：“债务人或者第三人与债权人订立合同，约定将财产形式上转让至债权人名下，债务人到期清偿债务，债权人将该财产返还给债务人或第三人，债务人到期没有清偿债务，债权人可以对财产拍卖、变卖、折价偿还债权的，人民法院应当认定合同有效。……当事人根据上述合同约定，已经完成财产权利变动的公示方式转让至债权人名下，债务人到期没有清偿债务，债权人请求确认财产归其所有的，人民法院不予支持，但债权人请求参照法律关于担保物权的规定对财产拍卖、变卖、折价优先偿还其债权的，人民法院依法予以支持。债务人因到期没有清偿债务，请求对该财产拍卖、变卖、折价偿还所欠债权人合同项下债务的，人民法院亦应依法予以支持。”

《民法典担保制度司法解释》第六十八条第一、二款规定：“债务人或者第三人与债权人约定将财产形式上转移至债权人名下，债务人不履行到期债务，债权人有权对财产折价或者以拍卖、变卖该财产所得价款偿还债务的，人民法院应当认定该约定有效。当事人已经完成财产权利变动的公示，债务人不履行到期债务，债权人请求参照民法典关于担保物权的有关规定就该财产优先受偿的，人民法院应予支持。

债务人或者第三人与债权人约定将财产形式上转移至债权人名下，债务人不履行到期债务，财产归债权人所有的，人民法院应当认定该约定无效，但是不影响当事人有关提供担保的意思表示的效力。当事人已经完成财产权利变动的公示，债务人不履行到期债务，债权人请求对该财产享有所有权的，人民法院不予支持；债权人请求参照民法典关于担保物权的规定对财产折价或者以拍卖、变卖该财产所得的价款优先受偿的，人民法院应予支持；债务人履行债务后请求返还财产，或者请求对财产折价或者以拍卖、变卖所得的价款清偿债务的，人民法院应予支持。”

虽然甲公司以其持有的 A 公司股权为乙公司设立让与担保时，《民法典》《民法典担保制度司法解释》均未出台，《最高人民法院关于适用〈中华人民共和国民法典〉时间效力的若干规定》第二条规定：“民法典施行前的法律事实引起的民事纠纷案件，当时的法律、司法解释没有规定而民法典有规定的，可以适用民法典的规定，但是明显减损当事人合法权益、增加当事人法定义务或者背离当事人合理预期的除外。”而《九民纪要》确立的审判意见与《民法典》原则上并无大的冲突，故对于本案中的让与担保行为的认定可以参照《民法典》“《民法典》有关担保制度的解释”的相关规定。

由此我们不难得出让与担保成立，但乙公司并不能直接取得 A 公司股权的结论，故 A 公司的实际股东和出资人仍应为甲公司，如 A 公司转入重整程序，甲公司仍应作为债务人出资人，在出资人组内进行表决。

2. 对重整计划的表决应当由谁代表出资人？

本应作为出资人对 A 公司重整计划进行表决的甲公司，目前自身也已经进入破产清算程序，这是本案中较为特殊的情况。在甲公司进入破产清算程序后，原本基于《公司法》而存在的甲公司决策、执行机构已经丧失职能，显然不能再作为甲公司代表参与A公司重整计划的表决。

根据《企业破产法》第二十五条，“管理人履行下列职责：……（七）代表债务人参加诉讼、仲裁或者其他法律程序”，故甲公司管理人应当作为甲公司诉讼代表人参与A公司的重整程序并行使表决权。

3. 如甲公司、甲公司债权人会议与乙公司就重整计划的意见相左，甲公司管理人应当以何种意见为准？

在甲公司管理人对重整计划进行表决时，应当以甲公司、甲公司债权人会议还是乙公司的意见为准呢？在本案中，由于甲公司进入破产清算程序，我们可以假定其已经资不抵债，故在关于其对外投资的A公司重整计划表决中，首先出局的利益主体毫无疑问是甲公司自身（或者说甲公司的相应股东/决策者），因为在甲公司已经资不抵债的情况下，其持有的A公司股权利益已经归属于甲公司的债权人。

而基于《九民纪要》《民法典担保制度司法解释》对让与担保制度的规定，乙公司对A公司股权价值拥有优先受偿权，即对于甲公司的特定财产享有担保权，而在甲公司进入的破产清算程序中并没有停止担保权行使的法律规定。

故A公司重整计划对出资人权益的调整，实质影响的是作为担保权人的乙公司的权利，故甲公司管理人应当在征询乙公司意见后，对A公司的重整计划进行表决。

4. 如出资人组最终无法通过重整计划，应当如何救济？

考虑到A公司已经进入资不抵债的破产程序，不论最终能否从清算转入重整，从理论上说A公司股权价值已经归零，如果排除A公司后续经营过程中存在特殊需求，不论A公司意向投资人、A公司债权人会议或者A公司管理人一般都不会在重整计划中为A公司出资人保留较高的持股比例或给予补偿，甚至可能径行将A公司全部股权调整至投资人名下。

在此情况下，实际最终承受损失的是担保物价值贬损甚至灭失的乙公司，故而在实践操作中，往往会出现乙公司拒绝认可重整计划的情况。而根据《企业破产法》第八十五、八十六条，重整计划需经包括出资人组在内的各表决组全部通过。

实践中虽然A公司有恢复生机的可能，并且重整计划为债权人和其他利害关系人的权益做了公平、合理的安排，但还是可能出现因出资人组反对而重整计划不能获得通过的情况。为了给债务人更多的挽救机会，避免因破产清算造成债务人职工失业和社会财富的损失，《企业破产法》第八十七条规定了由法院直接裁定批准重整计划的救济方式。

关于法院如何把握强制批准重整计划，并非本文要讨论的重点，在这里亦不再展开。但值得注意的是，合理运用强制批准重整计划，不仅仅是《企业破产法》赋予的权力，更是人民法院应有的当担。

四、结语

伴随着近年来各类型破产案件的井喷式增长，越来越多此前在民商事审判领域遇到的疑难杂症，陆续进入破产审判。而现行的《企业破产法》颁布于2006年，已经存在诸多法无明文规定的情况，在完善各项破产法律法规制度的同时，如何因时制宜、因地制宜，灵活处理现行破产法律尚无明确规定的问题，保障全体债权人及相关各方的利益，对管理人的履职能力提出了更高的要求。

破产重整程序中担保物权的行使

杨文珺、谢润泽

担保物权系债务人或第三人将特定的财产作为履行债务的担保、为保障债权实现而设立的债权，除有关法律法规特别规定的如建设工程优先受偿权、船舶优先权、民用航空器优先权等之外，担保物权在破产程序中优先于职工债权、税收债权及普通债权等其他债权受偿。根据《企业破产法》规定，在破产清算和破产和解程序中，担保物权人受偿“以行权为原则，以限制为例外”，担保物权人在行权不会降低其他破产财产价值情况下，可以随时向管理人主张变现担保物用以清偿债权，在破产重整程序中，担保物权原则上暂停行使，但有关法律法规亦规定了担保物权在破产重整程序中行使的例外情形及救济途径，本文将就担保物权在破产程序中的行使及限制问题进行分析。

一、破产重整程序中担保物权行使的限制

《企业破产法》第七十五条规定：“在重整期间，对债务人的特定财产享有的担保权暂停行使。但是，担保物有损坏或者价值明显减少的可能，足以危害担保权人权利的，担保权人可以向人民法院请求恢复行使担保权。”债务人向担保物权人提供的担保物往往属于债务人的核心资产或

重要生产工具，从《企业破产法》该条规定可以看出，在破产重整程序中，考虑到担保物处置变现可能严重影响到债务人的重整价值、处置后无法顺利实现债务人重整，除非担保物权人有充分证据证明在重整期间担保物遭到损坏或价值可能严重贬损，否则担保物权原则上应暂停行使。

但是，除前述《企业破产法》第七十五条中规定的破产重整程序中担保物权恢复行使的例外情形外，在2019年11月最高人民法院印发的《九民纪要》第一百一十二条中规定："重整程序中，要依法平衡保护担保物权人的合法权益和企业重整价值。重整申请受理后，管理人或者自行管理的债务人应当及时确定设定有担保物权的债务人财产是否为重整所必需。如果认为担保物不是重整所必需，管理人或者自行管理的债务人应当及时对担保物进行拍卖或者变卖，拍卖或者变卖担保物所得价款在支付拍卖、变卖费用后优先清偿担保物权人的债权。"可见，担保权人恢复行使担保权不必再以担保物有损坏或者价值明显减少，足以危害担保权人权利为前提条件，只要不是重整所必需，担保物权人就有权要求及时行使担保物权，这一规定加大了对担保权人在重整程序中的实体权利的保护。

二、破产重整程序中担保物权的恢复行使

就破产重整程序中担保物权的恢复行使，《九民纪要》第一百一十二条同时规定："在担保物权暂停行使期间，担保物权人根据《企业破产法》第七十五条的规定向人民法院请求恢复行使担保物权的，人民法院应当自收到恢复行使担保物权申请之日起三十日内作出裁定。经审查，担保物权人的申请不符合第七十五条的规定，或者虽然符合该条规定但管理人或者自行管理的债务人有证据证明担保物是重整所必需，并且提供与减少价值相应担保或者补偿的，人民法院应当裁定不予批准恢复行使担保物权。担保物权人不服该裁定的，可以自收到裁定书之日起十日内，向作出裁定的人民法院申请复议。人民法院裁定批准行使担保物权的，管理人或者自行

管理的债务人应当自收到裁定书之日起十五日内启动对担保物的拍卖或者变卖，拍卖或者变卖担保物所得价款在支付拍卖、变卖费用后优先清偿担保物权人的债权。”

从上述规定可以看出，担保物权人为请求恢复行使担保物权的申请主体，其请求应向人民法院提出，担保物权人须在申请中提供有关证据证明担保物有损坏或者价值明显减少的可能，或担保物并非重整之必需。如管理人认为担保物属于重整核心资产、单独处置可能影响到其他资产价值的，则也应向人民法院提供有关证据予以证明。如人民法院驳回担保物权人恢复行使担保物权请求的，担保物权人可再次向该人民法院申请复议一次；如人民法院裁定准许担保物权人恢复行使担保物权的，则管理人或者自行管理的债务人应当自收到裁定书之日起十五日内启动担保物的变价工作。

综上，在破产重整程序中，担保物权原则上应暂停行使，但如担保权人能够证明担保物存在损坏、价值贬损可能或担保物并非重整必需资产的情况下，仍可以通过法律程序要求恢复行使担保物权，实现债权优先、及时清偿，保障自身合法权益。管理人在重整程序中应根据担保物是否为重整必需的法律原则，平衡好担保权人、投资人和普通债权人、债务人之间的利益，在向担保权人充分释明相关法律规定的情况下，引导担保权人依据法律程序在合理范围内维护自己的合法权益。

浅析破产重整程序中担保债权人的表决额问题

王斌、石语甜

在破产重整程序中，当担保财产评估价值不足以覆盖其担保债权金额时，其在担保债权组的表决额是担保债权人享有的担保债权金额，还是担保财产的评估价值金额？目前，《企业破产法》及相关司法解释中并无明确规定，实务中对此问题的处理方式也不尽相同。因此，在此就该问题进行简要梳理与分析。

一、问题引出

要解答这一问题，首先要思考如下两个问题：第一，为何要将担保财产的评估价值作为表决额调整的衡量标准？首先，相关法律法规的规定和破产案件管理人工作指引中，都对管理人在接受指定后对债务人财产委托评估机构进行专项评估提出了要求；并且债务人财产的评估价值作为一个相对客观公允的金额，实务中管理人也往往将此作为其管理、变价财产的重要参考依据。例如，在拍卖债务人财产时，将评估价作为第一次拍卖的保留价等等。其次，在重整程序中，虽然《九民纪要》第一百一十二条规定了重整中担保物权的恢复行使，但实践中，很多债务人企业尤其是房地产企业得以重获新生的前提和基础往往就是土地、房产、在建工程等这些重整所必需的财产，而这些房地产一般都设定了担保以获得外部融资。换言之，担保债权并不通过拍卖、变卖担保物的方式来实现，没有了拍卖、变卖价款这一最为直接实际的金额，担保财产的评估价值就自然就成为担保债权人能否完全受偿以及其表决额是否发生调整的重要参考标准。

第二，为何会在重整程序中面临担保债权人表决额调整的问题？根据《企业破产法》相关规定，在清算程序中，因债权人无需对债权人会议的所议事项进行分组表决，并且担保债权额不作为有效表决额的基础，这一问题并不会对担保债权人的表决产生影响。但在重整程序中，担保债权及普通债权归属于不同的债权分类，需分组对重整计划草案进行表决。且重整计划草案通过的金额标准为“出席会议的同一表决组的债权人所代表的债权额占该组债权总额的三分之二以上”。因此，当担保债权人的优先受偿权不能完全实现时，其在担保债权组和普通债权组的表决额如何确定就是亟待解决的问题。

二、案例简析

经相关案例检索，大多案件是因为担保债权人不认可管理人依据担保财产的评估价值审查确认其享有的担保债权金额，而提起的破产债权确认诉讼，各地法官对于这一问题的理解和裁判也不尽相同。

例如山东省滨州市（地区）中级人民法院第(2020)鲁16民终1704号案件中，管理人认为，从形式来看债权人对重整企业享有的18,849,706.49元工程款在涉案土建工程折价或拍卖的价款享有优先受偿权，但是该等工程的评估价值为0元，因此债权人的施工工程在重整程序中实际变现价值为0元，在客观上无法享受优先受偿权，因此将债权人对重整企业享有的18,849,706.49元工程款债权在破产重整程序中确定为普通债权。但本案

一、二审法院的法官均不支持管理人的这一操作。法院认为，根据相关法律规定，债权人请求其承建工程的价款就工程折价或者拍卖的价款优先受偿的，人民法院应予支持。且管理人于 2019 年 5 月确认债权人在工程款 18,849,706.49 元范围内对涉案工程享有优先受偿权。上述事实不能因涉案工程按照移地续用方式评估，评估价值为零，即改变债权人所享有债权的性质。

再例如湖北省恩施土家族苗族自治州中级人民法院（2019）鄂 28 民初 1 号案件中，管理人认为，债权人应当在涉案抵押合同中债权人享有抵押权的资产的评估价值范围内享受优先受偿权，超过此部分的应当认定为普通债权。而法院以“管理人以上述抵押物的评估价值为依据，确认债权人对重整企业享有抵押担保的债权数额为 5,172,906.21 元缺乏法律依据”为由对管理人的主张不予采纳。

结合检索到的其他案例，可以发现，虽然也有极少数法院支持管理人的案例，但大多法院认为这一确认担保债权金额的方式因缺乏法律依据而不予支持管理人的主张。本文认为，在破产债权确认纠纷中大多数法院作出这样的判决是有其合理性的，也是具有法律依据的。因为，回到债权申报及审查这一环节，债权人申报债权及管理人审查债权是基于债务人和债权人之间的基础法律关系。担保债权根据《民法典》等相关法律法规规定设立生效的，债权人享有的担保债权金额理应是双方约定的担保财产的担保范围；相反的，若是从结果论出发，以担保财产的评估价值或者是说担保债权人实际可获清偿的金额去倒算债权金额并且改变债权性质，这显然是本末倒置且缺乏法理依据的。即便是在破产程序中，管理人也不能违背担保法的基本精神对权利客体进行过度调整。

当然，这一问题的产生，可能存在立法缺失或者立法技术不够规范的原因。其他一些国家的破产法，诸如美国、日本的破产法典中，其明确了“担保债权”是指在担保物价值范围内的债权。因此，对于这些国家而言，“担保债权金额”这一概念不会产生歧义。而在我国，破产程序中的“担保债权金额”与担保法的一般概念相一致，在《企业破产法》中并无特别规定，从而产生了理解和适用上的混乱。

那么，本文提出的问题，并非是担保债权金额和性质的确认问题，而是涉及重整程序中表决权拆分的程序公平问题。

因为，这样的表决权拆分安排会碰到一个逻辑困境。《企业破产法》第五十七条及五十九条的相关规定，享有表决权的债权人，其表决额为经管理人审查确认的债权额或人民法院临时确定的债权额，因此表决额通常与债权额相一致。在重整程序中，对于普通债权组而言，各债权人的表决额均是基于他们与债务人的基础法律关系而产生的债权金额，而非在重整程序中可获清偿的金额；但表决权拆分安排下，对于担保债权组而言，各担保债权人的表决额是他们可获清偿的金额（以担保财产评估价值视为其可获清偿的金额）。这样的表决权拆分无疑将导致不同债权组别的表决规则有所不同。本文认为，担保债权人作为法定的优先债权人，其受偿的优先性是法定的，虽然在表决规则方面其不具备优先地位，但至少应和普通债权人获得同等地位，而不应被不当削弱。

三、各地工作指引简析

截至目前，《企业破产法》及相关司法解释中并没有对重整程序中担保债权人的优先受偿权不能完全实现时其表决权如何安排的规定，但通过研究发现，在某些地区法院发布的审判指导文件中已有了一些针对本文提出的问题的指导性意见。

例如，《北京破产法庭破产重整案件办理规范（试行）》的第一百零六条有如下规定：“对特定财产享有担保权的债权人，经评估等方式能够判断其优先受偿权利不能完全受偿的，债权人可以就剩余债权金额在其他组别表决。表决前担保财产价值是否足以清偿担保债权暂不确定的，除人民法院能够为其在其他组别行使表决权而临时确定债权额的以外，该债权人只得以全部债权额在有担保债权组表决。”

再例如,《深圳市中级人民法院审理企业重整案件的工作指引(试行)》的第九十一条有如下规定：“经评估的担保财产价值不足以清偿担保债权，对该财产享有担保权的债权人同意对超出评估值以外的债权按普通债权清偿的，可以将评估值作为该笔债权在担保债权组的表决额，剩余金额作为其在普通债权组的表决额。”

由此可见，法院对重整程序中担保债权人的表决权拆分的态度还是十分谨慎的，需要充分尊重担保债权人的意愿。当然，基于重整程序的特殊性，为了实现重整目标，即以企业的资产和业务的运营价值延续为手段，保障债权人的整体受偿利益。如果因无法解决担保债权人表决权拆分的问题而导致担保债权组表决无法通过的，法院可以通过行使强裁权来实现担保债权组和其他债权人利益上的平衡。期待在今后《企业破产法》的修订中，可以对这一问题作出明确的规定，从而使各组别债权人的权利能更加平衡，管理人在实务操作中能更加统一。

如何理解房企破产领域的府院联动

杨文珺、刘海川

府院联动，顾名思义，是人民法院和政府联合处理社会问题，具体到房地产企业破产领域中，即在房地产企业破产清算/破产重整程序中，为了清理房企的现有债权债务、使破产财产价值最大化，以及保护债权人和特殊权利主体，如普通购房者、施工人、员工权利的需要，政府与法院构建相应的联动机制以便从程序上提高效率推进破产程序进行，从实体上维护权益保障公平正义。一般而言，政府主导维稳风险管控与破产企业涉及的有关行政事务协调、法院主导司法程序推进的破产案件，本文将结合过往处理的案件中府院联动机制介入的情况，对房地产企业破产领域下的府院联动进行探讨。

一、为何房企破产案件需要府院联动

探讨任何一个“为什么”的问题都需要从必要性和可行性两方面入手，这个问题也不例外。府院联动在破产案件中常常被提及，但是在房地产企业破产时更多地被引入实际运用。因此，房企破产案件中引入府院联动机制的必要性自然在于房企破产的特殊性。房企破产的特殊性主要有如下三点：

1. 债务规模庞大、关联担保多

房地产项目的资金投入成本极高，在建设过程中，房地产企业往往会穷尽各种融资手段，包括但不限于通过抵押不动产、质押股权、让与担保、明股实债、施工垫资、员工集资，甚至违规销售的形式获取资金，同时会在关联公司之间进行资金拆借、交叉担保，抑或是通过民间借贷等形式保证项目现金流的稳定。因此，当房地产企业已经濒临破产时，实际涉案的债权金额可能极高，同时由于合同中对利息、违约金的约定较为严格，后续债权金额可能会进一步扩大。

2. 法律关系错综复杂、维稳压力大

房地产企业在日常经营活动中可能涉及的债权人不仅仅包括常规的金融机构、税务机关、承包商、供应商，还有小业主、农民工等特殊群体。由于各类主体间法律关系错综复杂，在平衡利益诉求时难度较大，经常出现不同权利之间的冲突，如小业主的生存权和工程款优先权、金融机构的抵押权产生冲突屡见不鲜。如果在处理特殊群体利益时处置不当，极有可能导致群体性事件的发生。同时，由于房企破产时债权实现的先后问题会直接影响到各方主体的利益实现，因此明晰剩余资产和实际债权金额以及各利益主体之间的权利排序关系是房企破产程序的重中之重。

3. 行政审批复杂、复工难度高

由于房地产行业的特殊性，从土地的招拍挂到规划审批，再到土地平整建设，再到商品房的买卖登记，牵涉到规划、住建、国土、财税等多个政府部门。在房企进入破产程序后，政府出于对地方经济发展、城市区域规划及维稳的重视，可能会对破产工作的开展进行指示或建议。与此同时，在破产程序实际推进过程中，政府部门的协助与配合必不可少。

从可行性方面来说，房企破产中引入府院联动机制的制度基础在于我国房地产开发的程序与政府职能部门密切相关，法院在破产案件处理过程中与相关政府部门构建联动机制不仅有利于解决既有问题，还有利于对项目土地的开发可能性进行重新评估。在实际房企破产项目中，会出现环评问题、土地分割问题、证照过期问题、拆迁问题、土地逾期开发可能被回收问题、原规划条件与现有控制性详规不相符等复杂问题，上述问题均会对破产房企的资产价值、投资人引进乃至未来土地重新开发造成直接影响。可以很明确地说，上述问题大多积重难返，管理人一方无法合理、有效解决，只有通过政府与法院的配合才能打破僵局。随着政府职能部门的分工进一步明确，房地产建设和土地开发程序已经形成了较为完备的治理体系，在现实条件下，各个部门之间配合处理房企破产带来的上述问题可以有效地提高法院及管理人处理破产案件的效率，也可以解决区域内因房企破产带来的社会问题，消除社会不稳定因素。

二、房企破产案件中府院联动的作用与价值

府院联动机制在房企破产案件中的直接作用在于提高案件处理效率、解决破产案件中的复杂疑难问题，从深层次来说，府院联动机制还需要解决因房企破产带来的社会问题。

作为房地产开发企业，在开发过程中，企业均需要与国家土地管理局、自然资源和规划局、环境影响评价部门、消防、建设委员会、税务等政府部门长期保持联络，房企破产中自然也需要延续土地开发的思路与各个政府部门保持沟通。但是，由于房地产开发周期长、难度大、牵涉人员多，很难在短时间内梳理完毕各方关系，也很难快速识别工程进行中的难题，各个项目停滞的理由各不相同，往往除了巨额债务压身，项目本身也存在一些开发中的客观障碍。如笔者曾遇到过住宅用地对面是火葬场，导致项目二期开发用地未通过环评、项目土地现场有未拆迁户并且还在对外经营农家乐等。府院联动机制的第一项工作就是提高上述问题处理过程中的效率，由专门机关直接对接其熟悉的领域，快速识别破产房企在开发建设中的问题并提供解决思路。

同时，由于房地产企业规模较大，牵涉主体较多，一旦破产不仅仅会导致项目土地闲置、楼房烂尾，或是无法按期偿还供货商的相应款项，还会导致开发商无法按期交房，普通购房者在拿不到钥匙的同时还得偿还银行贷款，更有可能无法按期支付建筑工人的薪酬，产生的社会问题显而易见。府院联动机制的引入一方面可以从程序上保障财产梳理和清偿工作的公平公正，还可以通过“特殊时期特殊办法”等方式对弱势群体的合理诉求进行合理考量。

所以，在房企破产案件中，府院联动机制的作用在于合理、有效地解决破产企业的土地、房产价值保存问题，其核心价值在于保障债权人合法权益的同时，尽可能迅速、有效地打通破产程序中的困难节点。

三、房企破产案件中各方主体的工作重点

房企破产案件中涉及的相关主体主要有破产管理人、人民法院以及相关的政府职能部门，府院联动机制得以在各方主体间有效运作的前提在于理清各方主体的工作重点。

1. 破产管理人的工作重点

从破产管理人来看，依据破产案件处理的一般程序，管理人在接手破产案件之后需要对公司资产进行接管，对现有的债权债务、涉讼执行情况进行梳理，同时需要根据债权申报情况对公司债权分门别类。对于房地产企业来说，特别需要注意的债权类型是工程款债权、带有抵押权的债权和普通购房者债权，这三类债权因为法律规定的优先受偿事由得以在破产财产中优先得到清偿。在理清债权债务关系的基础上，管理人需要对项目公司现有土地、楼房的权属、证照、评估价值等进行综合判断，从规划、环评、消防等层面综合评估现有资产的价值和处理难度。在实际案例中，房地产企业破产时往往还会留有一些正在运作的资产，比如部分仍在运营的商场或写字楼，针对这类可以正常运作的资产，管理人需要对其中的商

业关系进行梳理，以便为日后整体或部分处理公司财产进行准备。从上海市破产案件办理的现状来看，许多破产管理人还担负着寻找意向投资人的重要职责，而投资人入场的前提往往是管理人已经理清破产项目的各项争议焦点，同时为调整容积率、变更土地性质或清场工作的开展取得实质性进展。在投资人关注的上述问题中，大多需要府院联动机制给予配合，因此管理人需要在府院联动机制中起到重要的协调作用。

2. 法院和政府的协同作用

从法院和政府来看，是否需要在房企破产中引入府院联动机制需要综合考虑多重因素。在实际破产案件的办理中，经济发达地区和经济欠发达地区在处理破产房企时的态度显著不同：对于经济发达的城市，个把房地产企业的破产不会影响区域内总体经济状况，而且大城市土地供不应求，劣质房地产企业的破产可能更有利于当地政府清理开发不完善的土地；对于经济欠发达的城市，破产的房企可能在当地具有重要的经济地位，一旦该房企破产了，不仅会重挫区域经济，还可能导致开发的土地无人接手导致项目完全停工。因此，各地区在破产中引入府院联动机制的方式旗帜鲜明地分为两个阵营：一是政府法院并不倾向于主动出击帮助破产企业和管理人处理问题，而是要求破产管理人或者破产企业自行寻找解决办法，形成具有可操作性的方案后报破产法院审查，法院在审查基本通过后再与相关政府职能部门合作探讨处理机制；二是政府发言主动出击为破产企业寻找解决办法，通过预重整程序组建并直接参与清算组、成立债委会，提供帮助破产企业寻找投资人、代管企业等保姆式服务，在这种模式下，破产管理人实际上的工作重点在于配合法院和政府的工作计划。在上海地区的破产案件实践中，府院联动模式大多是前者，需要破产管理人基本完成破产企业的财产清理、债权申报，乃至于寻找投资人完成基本的投资、改进计划后，向破产法院提出相应的解决方案供其审查。法院在管理人提供的方案基础上对计划的实施情况进行评估，在此基础上才会与政府相关部门进行配合，处理破产企业实际重整过程中遇到的问题。

不论何种模式，破产法院在整个程序中均处于主导地位，需要对包括确定债权申报期限、裁定批准重整计划、裁定破产财产变价方案、召开债权人会议等重要步骤进行引领。同时，管理人在工作中需要常常与破产法院进行沟通以便处理相关步骤中出现的问题，破产法院亦需要根据管理人提出的问题对破产程序的推进予以把控。对于政府来说，一旦进入府院联动机制，其需要处理的问题则更加具体。诸如破产房企商品房预售房许可证到期后如何续期？破产房企项目用地的容积率是否可以在重整时加以调整？项目用地性质是否可以根据实际重整的需要加以变更？破产房企实际施工、维修中如何与政府部门沟通等问题比比皆是。因此，很难说政府部门在房地产企业破产中的核心工作是什么，房企破产中遇到的问题必然不尽相同。政府在房企破产中的主要工作在于根据“一事一议”的原则处理管理人工作中遇到的问题，同时对涉及容积率、用地性质等实际影响项目未来开发价值的因素进行评估，在保证合法、合理的前提下尽可能提高项目重整的经济效益。

在上述主体的工作中，一个核心要点在于沟通与协调。从实际情况来看，房地产企业破产带来的问题多而复杂，一旦处理不慎不仅仅会导致项目未来一段时间的开发陷入停滞，甚至会产生严重的社会问题。因此，府院联动机制的核心要点在于相互配合：破产管理人在与破产法院的沟通中理清企业现状，找到导致企业破产或能挽救企业的核心问题和价值；破产法院在与政府职能部门的沟通中对产生问题的处理方式进行探讨，争取制定出既合法又有可操作性的方案；政府职能部门在与破产管理人的沟通中对实际解决问题的方式和程序进行确认，使破产企业重整具有可行性。

四、小结

综上所述，房企破产中府院联动机制引入的必要性来源于我国房地产企业发展的特殊性，可行性来源于各政府职能部门得以和破产法院相互合作的制度基础。破产管理人、破产法院以及各政府职能部门需要各司其职、相互配合，保持充分的沟通与交流，在保障债权人合法权益的同时，尽可能迅速、有效地打通破产程序中的困难节点，从而有效完成挽救或帮助破产企业清算、重整的使命。

小额债权组设置的问题与展望

杨文珺、刘海川

我国《企业破产法》第八十二条第二款规定，人民法院在必要时可以决定在普通债权组中设小额债权组对重整计划草案进行表决。本条作为一个原则性条款，确认了小额债权组的设置在我国破产重整中的合法性。但是，本条并未对设置小额债权组可能产生的争议与解决方式进一步阐述，因此相关标准欠缺、实施程序不统一、实质分配协调困难等问题相继而来。本文在结合破产重整实务中小额债权组设立现状的基础上，从小额债权组设置的问题出发对小额债权组未来的发展进行探讨。

一、小额债权组设置的基础与现状

1. 小额债权组设置的实务基础

由于市场环境及经营情况的变化，诸多不能及时适应市场导向的企业因为种种原因走上了破产清算的道路。毫无疑问，不论是对企业的债权人、投资人，亦或是股东而言，企业破产清算都不是一个恰当的选择。从长期发展来看，如果企业可以继续生产、引入投资人解决债务问题、转变发展方式迎合市场导向，从而逐步恢复企业的持续经营能力和盈利空间，就能更好地保障债权人、投资人的合法权益。从程序上来看，企业进行上述改革的前提是在破产重整中，由破产管理人根据公司实际情况制定相应的重整计划草案，由债权人会议分组表决通过并由法院出具裁定。因此，重整计划草案能否顺利表决通过成为重整程序的重中之重。

从八十二条的规定来看，重整计划应当将债权分为有财产担保债权、职工债权、税收债权和普通债权，只有普通债权在必要时可以设立小额债权组。一般而言，普通债权人在破产程序所获清偿有限，更有一些资不抵债的企业在扣除债权中优先清偿的部分后没有财产偿还普通债权，因此解决普通债权人的利益诉求是管理人的工作重点之一。就房地产企业破产重整的特殊之处来看，以广大小业主为代表的普通债权人不仅人数众多、金额分散，而且维权意向极强，如果不能合理解决小业主的诉求，在清偿率上给予普通债权人保证，很容易引起诸多小额债权人的反对而导致重整方案无法通过。在这种情况下，小额债权组的设置应运而生，通过对小额债权人进行单独分组并设定更高的清偿比例，从而达到提高普通债权人表决通过率的目的，使重整计划的通过与实施在实践中更具可操作性。

2. 小额债权重整清偿的主要方式

韩长印教授将小额债权的清偿模式概括为以下三种：

（1）小额债权与其他普通债权在同一表决组内同比例受偿，即在清偿过程汇总不进行小额债权与大额债权的区分，按照统一固定比例进行清偿。

（2）小额债权人单设一组，获得高于其他普通债权清偿率的优势地位。

（3）小额债权人不进行单独分组，但是对普通债权进行分段按比例清偿，即根据具体案件的普通债权情况，在清偿中对不同金额等级的小额债权在清偿率上给予优惠。

在现阶段破产重整案件中，采用后两种方式处理小额债权问题较为普遍。比如最高人民法院发布的“关于依法审理破产案件十大典型案例”

中的中核华原钛白股份有限公司破产重整案，嘉峪关中级人民法院针对小额债权人人数众多、清偿率低、利益受损大、对立情绪严重的特点，为了最大限度地保护他们的利益，决定设立小额债权组，将债权额在600万元以下的债权人都纳入该组，并动员大股东额外拿出2,000万元补偿小额债权人的损失，将其清偿率由41.69%提高至70%，有效保障了出资人和债权人的利益平衡。又比如长航凤凰股份有限公司破产重整案中，其中的职工债权和税款债权将获全额清偿，而普通债权则将以债权人为单位，20万元以下（含20万元）的债权部分将获全额现金清偿。超过20万元的债权，每100元普通债权将分得约4.6股长航凤凰股票，也就是说其清偿比例仅10%左右。

二、小额债权组的问题所在

基于债权性质及清偿顺位的不同，以及尊重普通债权平等性及实现重整计划表决便利的需要，法院允许在必要时设置小额债权人组处理普通债权。但是，正如韩长印教授所说："小额债权的分组系根据债权的数额多少而非权利性质或者顺位的差异而设，其单独分组的正当性仅限于迎合与满足重整计划表决的人数要件。"因此，小额债权组的设置不论在理论还是实务中都存在一定问题。

从法理来说，小额债权组的清偿模式有违债的平等性原则。实务过程中一旦设置小额债权组，一般都会给予该表决组以更高比例清偿的优势地位，如果没有针对这类债权组的特殊安排，则单列小额债权组也无实际效用。我国立法中并未明确规定小额债权清偿应当给予优惠，因此设置小额债权组实质上已经将普通债权人的权利进行类型化区分，通过改变清偿率的方式在普通债权内部进行了分级。从普通债权平等原则出发，小额债权人表决组的设立，不应当对重整计划公平对待同一表决组的基本原则产生影响。小额债权的性质仍然属于普通债权，从其定性上来看，与其他普通债权并无差别，只是由于其债权数额的不同在表决时进行的区分。鉴于小额债权组更高清偿率的代价必然是其他部分普通债权人的清偿比例降低，因此给予小额债权组的优势地位最终会与普通债权平等性原则相悖。

从实务来说，设置小额债权组的清偿模式一方面存在分级标准不明的问题，另一方面也无法回避操作难度大的问题。实务过程中设置小额债权组，大多是管理人在预估普通债权总体清偿率的基础上，再对债权人数与金额之间的比对进行分析，进而设定一个金额区分大额债权和小额债权。在这个过程中，管理人分析的方式是否合理，方案是否具有可实施性，最终形成的方案是否能够真正使重整计划的表决效率得到提高都存在不确定性。同时，小额债权的标准设定后，必然导致那些债权金额稍稍高于界限边缘的债权人不满，很容易导致这类债权人所获清偿比例大幅降低。在这种情况下，该类债权人要么会选择放弃超出界限的债权以获得更有利的清偿方案，要么会选择尽快让与其超出界限的部分债权，法院和管理人对债权人的上述行为难以做到有效控制。

三、小额债权组的发展方向

小额债权组的发展方向讨论集中于对单设小额债权组，或是采用分段清偿模式的选择，从现阶段来看，采取分段清偿模式的破产重整方案更加合理。韩长印教授认为：“只有分段递减清偿能同时兼顾小额债权人和大额债权人的利益，尤其是兼顾那些债权额稍微高于小额债权额划分标准的所谓‘大额债权人’的利益。”如果仅仅武断地将债权分为小额债权和大额债权并给予不同的清偿比例，追求表决结果双赢的目的可能会双双落空，既不能解决大额债权人的诉求，也会导致管理人实际开展工作的魂断。虽然分段清偿模式本质上仍然无法回避对小额债权人予以差别对待的情况，大额债权人仍然可能承担清偿率下降的不利后果，但是在兼顾公平与效率的表决程序中，分段清偿模式确实可以在一定程度上解决相对公平的问题。

同时，为了更好地解决分段清偿模式中不同分段的金额标准问题，韩长印教授提出了“4+2”的考量因素，其中债权人的人数、债权总额、每个债权人的单项债权额、模拟清算的分配比例作为可以确定的定量因素，重整投资人的出价和小额债权的划分界限的作为不确定的变量因素。在综合考虑上述因素的基础上，管理人进而需要根据具体案情，考虑债权人个体投票中的诸多潜在的非理性因素。法院需要根据法（2018）53 号《会议纪要》第 17 条的要求，从合法性、可行性、最佳利益性三方面审查管理人制定的分段清偿计划。

四、结语

不同类型小额债权组设置的最终目的都是为了实现在对普通债权合理处分的基础上，对小额债权人利益加以特殊保护。现阶段看来，分段清偿模式更加有利于小额债权人与大额债权人就重整方案达成合意，但是如何使得清偿模式在表决程序效率提升和普通债权平等保护之间进一步取得有效平衡仍然是长期目标。

浅谈破产程序中的共益债务处理问题

杨文珺、谢润泽

在债务人预重整或破产程序进行期间，可能会出现债务人因继续营业的客观需要而须对外融资的情况，在此情境下，资金方出于保障资金安全和自身权益的考虑，往往希望将其借款以“共益债务”的形式加入预重整或破产程序。但在实践中，关于预重整或破产程序进行期间中所产生的共益债务的认定是较为严格的，现就破产程序中新增借款与共益债务处理问题进行以下探讨。

一、共益债务及其清偿顺序

《企业破产法》第四十二条规定：“人民法院受理破产申请后发生的下列债务，为共益债务：（一）因管理人或者债务人请求对方当事人履行双方未履行完毕的合同产生的债务；（二）债务人财产受无因管理产生的债务；（三）因债务人不当得利所产生的债务；（四）为债务人继续营业而应支付的劳动报酬和社会保险费用以及由此产生的其他债务；（五）管理人或者相关人员执行职务致人损害所产生的债务；（六）债务人财产致人损害产生的债务。”

从上述规定可见，《企业破产法》对于共益债务形成的时间及类型有着明确的限定，即有关债务必须形成于破产申请受理之后，且严格限定在《企业破产法》第四十二条规定的六种情形以内。但考虑到企业在正式进入破产程序前的过程较为冗长，且在正式进入破产程序前，必要的财务支持往往确实可以起到挽救企业和保护全体债权人利益的作用，因此在部分实行预重整程序的地区，对共益债务形成时间的认定做了适度的扩张，即对于破产申请受理前向企业提供的必要借款，也可认定为共益债务。如深圳市中级人民法院《审理企业重整案件的工作指引（试行）》第三十六条规定："在预重整期间，债务人因持续经营需要，经合议庭批准，可以对外借款。受理重整申请后，该借款可参照《企业破产法》第四十二条第（四）项的规定清偿。"《苏州市吴江区人民法院审理预重整案件的若干规定》第七条规定："（预重整期间的借款）预重整期间，经本院许可，债务人可以为继续营业而借款。受理重整申请后，该借款可以参照企业破产法第四十二条第四项的规定清偿。债务人可以为前述借款设定抵押担保，抵押物已为其他债权人设定抵押的，按照物权法第一百九十九条规定的顺序清偿。"

就共益债务的清偿顺序，《企业破产法》第四十三条规定："破产费用和共益债务由债务人财产随时清偿。债务人财产不足以清偿所有破产费用和共益债务的，先行清偿破产费用。债务人财产不足以清偿所有破产费用或者共益债务的，按照比例清偿。债务人财产不足以清偿破产费用的，管理人应当提请人民法院终结破产程序。人民法院应当自收到请求之日起十五日内裁定终结破产程序，并予以公告。"《企业破产法解释（三）》第二条规定："破产申请受理后，经债权人会议决议通过，或者第一次债权人会议召开前经人民法院许可，管理人或者自行管理的债务人可以为债务人继续营业而借款。提供借款的债权人主张参照企业破产法第四十二条第四项的规定优先于普通破产债权清偿的，人民法院应予支持，但其主张优先于此前已就债务人特定财产享有担保的债权清偿的，人民法院不予支持。”从上述法律法规的规定可见，共益债务的清偿顺序优先于普通债权，但劣后于破产费用，共益债务的清偿顺序是否优先于有财产担保债权、税款债权、职工债权，并无法律法规明文规定。但是，关于共益债务的立法本意即为挽救破产企业，保护全体债权人利益提供路径，且出借人在向破产企业提供借款时已明知破产企业面临财务困境，其借款存在着极大的无法全部收回的风险，在此情况下理应优先保护出借人的利益，为出借款项的资金安全提供必要的法律保障。同时，在破产法语境下的普通债权是与有财产担保债权相对的法律名词，税款债权、职工债权均应归属于普通债权的范畴，故而共益债务也应优先于税款债权、职工债权受偿。

二、共益债务在房地产企业破产程序中的运用

随着近几年房地产领域的整合及相关政策对房地产企业债务和融资的管控愈发严格，大量中小房地产企业因为资金周转不灵引发财务危机，导致出现众多“烂尾楼”项目，严重影响了市场经济秩序和购房者权益。因房地产企业经营的特殊性，在大量“烂尾楼”项目中，破产企业在破产前已经基本用尽了融资途径，相应的土地使用权、在建工程等也均已设定抵押，在此情况下，很少有市场主体愿意接盘破产企业对项目继续进行开发。在此情况下，以共益债务的方式加入重整，对烂尾项目进行续建，较之整体购入烂尾项目进行开发，具有显著的优势和可行性。首先，投资人仅需完成余下项目的开发工作，投入的总体资金量相对较小。其次，以共益债务的方式向破产企业注资并继续开发，相关开发工作仍是在原破产企业主体下进行，无须投资人具备相应的房地产开发资质。再次，通过对烂尾楼盘进行续建，可以有效盘活现有资产，实现破产企业的资产增值，取得增值部分收益，同时，因为共益债务在债务清偿上的优先性，投资人的风险相对可控，即便破产企业重整失败，投资人的损失也可控制在其预期范围内。

三、共益债务处理应注意事项

1. 共益债务加入时点

根据破产法有关规定，共益债务应在法院受理破产申请之后加入。但在部分实行预重整程序的地区，投资人可在预重整期间向法院申请向债务人提供借款，并经由法院裁定许可后出资。在法院正式受理针对债务人的破产重整申请后，出借人可依据有关法律法规向管理人申请将预重整期间出借款项认定为共益债务。在法院受理重整申请后、重整计划执行期间，如债务人重整遭遇客观困难需要财务支持且尚有债权人未获清偿退出的，出借人应向管理人申请将借款及借款债权列为共益债务事项提交债权人会议表决通过，以保障相应共益债务成立的合法性。

2. 理性判断重整可能性

出借人在出资前应聘请专业人员对破产企业的资产、债务状况、债权人诉求、经营前景进行审慎、细致的调查研究，充分了解破产法规和破产程序，全面考量企业重整成功的可能性。同时，出借人在出资前也应充分做好重整失败的心理准备，对重整失败转入清算程序后相应借款的回收情况进行必要的测算，从而保证风险可控，作出理性判断，最终决定是否向破产企业提供借款。

3. 把控资金用途

共益债务借款系专项用于破产企业纾困和维持破产程序期间企业经营，对于企业重整极为重要，很多时候甚至直接决定着破产企业重整的成败。因此，建议借款人与管理人就资金用途进行明确的书面约定，同时与管理人制定资金的使用制度，委派专人会同管理人共同对借款资金的使用进行监管，确保资金使用符合交易目的，保障重整成功。

综上，共益债务作为参与破产企业重整特别是房地产项目重整的重要途径，具有其特有的优势，可以在风险相对可控的情况下给破产企业提供资金以恢复经营、完成项目开发、实现项目收益，从而保障债权人权益。但鉴于破产企业和破产程序的特殊性，投资人在参与重整期间，更应注意相应的破产程序要求和资金安全把控，以便促成重整的最终成功。

破产重整与服务信托

杨文珺、刘海川

随着破产案件数量、体量的不断增加，一些新型的破产重整模式在破产案件中得以适用。从今年的破产重整案件来看，随着北大方正和海航破产重整的逐步推进，将服务信托与破产重整相互结合以优化重整结构的模式进入了从业者的视野。引入服务信托可谓是破产重整的一大创新，在某种程度上打破了既有重整法律关系的壁垒。因此，服务信托与破产重整的结合尚没有明确的法律法规作为依据，但是在实践过程中已经证明了这种结合在操作上可行。本文将结合服务信托与破产重整的外观表现探讨该模式下破产重整的新思路。

一、实践中服务信托与破产重整的结合

1. 北大方正破产重整案

在北大方正破产重整案件中，截至 2021 年 8 月 5 日，共有 751 家债权人向管理人申报了 762 笔债权，申报债权金额合计 2,720.06 亿元。如果采用破产清算的方式，普通债权的清偿比例仅为 14.45%，在北大方正公司尚有资产处于运作的前提下，采取破产重整方式不仅有利于债权人，也有利于公司后续发展。

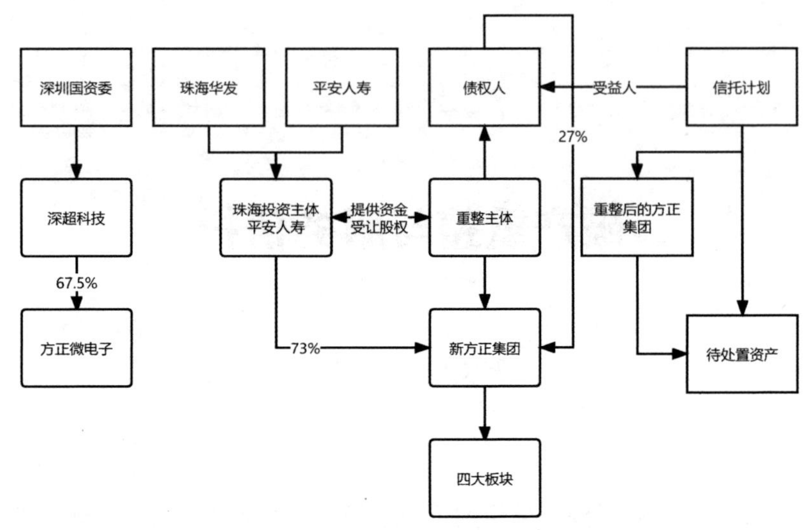

图 1 资产重组方案结构图
数据来源：公司公告、DM 研究

从图中可以看出，北大方正的破产重整方案引入了信托计划处理待处置资产，实际交由平安信托负责。此次北大方正重整方案采用的是“出售式重整 + 财产权信托”模式。老方正集团各个板块的保留资产（医疗板块、金融板块、信息技术板块、教育板块）由投资人接手，也就是以排除方正微电子后的保留资产设立新方正集团。剩余的待处置资产，通过设立财产权信托的方式，由平安信托实际负责待处置、确权、收益分配等工作。信托方案的负责人郑艳表示，北大方正信托中采取的他益型财产权信托有别于之前的自益型财产权信托，省去了委托人设立信托计划之后需要将份额分别转让给所有的债权人的步骤，提高了信托计划的处置效率。

2. 海航破产重整案

在海航破产重整案件中，由于海航集团旗下关联公司众多，法院采取了实质合并破产重整的模式。根据 2021 年 10 月 31 日经过海南省高级人民法院裁定批准的海航集团系列重整计划，目前计划采用服务信托方式处置的海航集团重整事务涉及债务人公司 321 家，债权人数量 64,368 家，债权金额已确认 7467.02 亿元，暂缓确认 895.66 亿元。

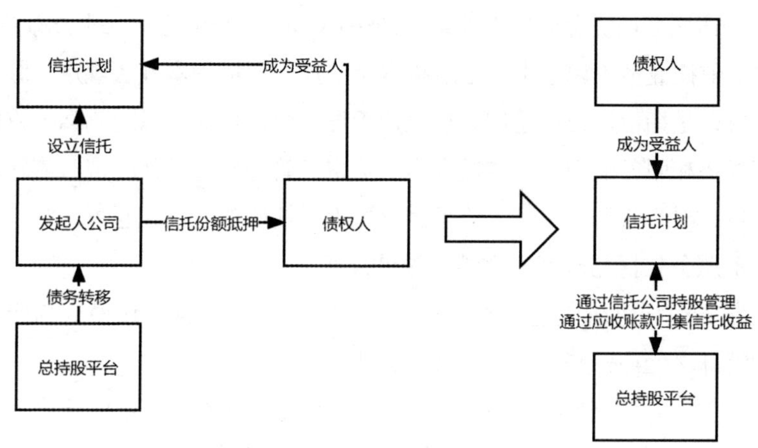

图 2 海航破产重整结构图

从图中可以看出，海航破产重整也采取了设立信托抵偿债务的方式进行重整。从类型上看，海航采用的是一种“存续式重整 + 他益财产权信托”的模式。本次重整服务信托委托人为海航集团新设的发起人公司，将持有的总持股平台的股权以及对各业务板块的应收款债权注入信托计划，作为信托财产。根据重整方案，本次重整中的信托收益为信托计划项下的信托收益，来源于其持有的股权资产的分红、处置收益以及应收账款的变现、处置，最终来源于重整完成后底层资产的经营收入、资产处置收入和未来战略投资者的投入以及持有的引战平台公司股权的未来分红。通过这样安排，既有的债权人可以成为信托计划的受益人，而债权也会相应地转变为信托收益权。

二、服务信托和破产重整结合的逻辑基础

1. 服务信托的概念

《信托公司资金信托管理暂行办法(征求意见稿)》第二十九条规定:“服务信托业务不属于本办法所称资金信托,不适用本办法规定。服务信托业务,是指信托公司运用其在账户管理、财产独立、风险隔离等方面的制度优势和服务能力,为委托人提供除资产管理服务以外的资产流转,资金结算,财产监督、保障、传承、分配等受托服务的信托业务。”

2. 服务信托与破产重整结合的可行性

服务信托之所以能和破产重整相结合,是因为其操作模式与服务内容的特殊之处与一些破产重整案件相匹配。

首先,从服务信托的内容来看,其相较于传统的资金信托更加侧重于项目服务而非资金的管理、运用、处分。信托机构在接手待处置资产后,往往成为运营方和管理方,逐步处理资产,力求保值增值。信托机构可以根据破产企业现状以及债权人的实际需求,在资产管理、财产分配、信息披露等方面设计更为具体的信托管理模式,进而在接手待处置资产后提供全流程的服务。当然,服务信托并非独立于财产而存在,而是更加强调利用信托制度的工具价值处理企业财产。

其次,服务信托具有信托制度模式下资产管理的一般特征,即信托财产并不被划入破产财产范围而进行分配。在破产重整案件中,通过将没有投资人接手的待处置资产设置信托计划,可以将该部分资产与企业破产财产进行剥离。信托公司在独立运作该部分待处置资产的基础上,可以有效隔离破产企业或实质破产重整中其他关联企业的财产。这种方式不仅可以通过留存企业优质资产增加企业重整的可能,也可以在一定程度上提高企业的估值。

再次,信托公司通过对剥离的待处置资产进行管理或处分,可以在

可预期的将来实现该部分资产的保值增值。破产重整中，之所以投资人不愿意接手破产企业全部资产的一个重要原因在于资产的优劣有别，一些管理难度较大、收益回报周期长的资产往往不能成为投资人青睐的目标。在这种情况下，信托公司利用其管理经验和优势地位，可以使得债权人通过受益权人的身份享有更多收益，更加有利于保障债权人权益。

3. 服务信托与破产重整结合的必要性

从实际案例中，我们可以发现，法院或管理人在破产重整中吸纳服务信托模式的案件多为大型企业或规模化企业的破产重整。这一现象的出现有着两方面的原因：

第一，由于上述企业规模大、员工多、关联公司和股权结构较为复杂，导致企业的债权债务关系比较混乱，这些因素都给破产重整带来了很大的难度。对于这些企业，即使是进入了破产程序其实际估值仍然是一个天价，几乎没有投资人有能力、有意愿配合完成整个企业及其关联公司的重整程序。即使出现有能力的投资人可以吃下大部分破产财产，出于商业利益的考量，投资人也会优先选择存量的优质资产，对于其他亏损、收益周期长、分散的待处置资产则不会优先选择。这些待处置资产虽然不受投资人青睐，但是其本身仍然存在经济价值，如果不能合理处置这些资产势必给重整工作带来不确定因素，也会导致债权人利益受损。

在这种情况下，引入服务信托的模式解决重整难题成为一种必然。通过依托信托机构归集上述待处置资产，可以在一定程度上解决破产企业不同类型资产混杂的问题。信托机构接手财产后，法院和管理人可以更加灵活地出质企业的优质资产，通过分版块、分类型的方式吸引投资人进场。

第二，由于现有的破产法对于程序有着严格的程序性规定，对管理人处理债权申报、召开债权人会议、决定并执行财产分配方案等都有着严格的时间限制。在面对上述企业破产时，管理人的工作难度非常之大，一方面需要梳理破产企业、关联企业与债权人之间的债权债务关系，另一方面也需要梳理大量员工产生的职工债权，还需要通盘考虑整个破产企业，寻找适合的投资人开启重整程序，上述工作必须在法定的时限内合法、有效地完成。在实践操作中，一些管理人难免会遇到各种各样的问题导致无法根据时间进度推进破产程序，如果强行推动重整进度可能给日后带来风险，如果不强行推动重整程序又可能导致重整计划无法通过，不管采用哪种方式都不合适。

在这种情况下，在破产重整中引入服务信托实际上也有一些被逼无奈，通过将债权人持有的破产企业债权转变为信托的受益权，待以后再行处理，某种程度上就是在以时间换空间。这种模式下的破产重整程序可以在一定程度上平衡短期清偿带来的权益贬损和长期清偿可能带来的收益增加，通过设置信托提高待处置资产的变价灵活度，不仅可以解决管理人的燃眉之急，也可以提高债权人的受偿率。

三、服务信托和破产重整的未来走向何方?

需要承认的是，破产重整和服务信托的结合在目前看来仍然是一个新产物，既有的成功案例有限，具体的操作模式也没有统一标准。因此，这种模式下产生的法律问题还有许多尚待发现和解决。笔者在破产重整工作中与服务信托有所接触，也对这种模式下的一些法律问题产生疑虑，在此提出并加以探讨。

1. 服务信托和破产重整结合的法律依据尚未明确

从法律规定来看，我国《企业破产法》第六十九条规定了管理人可以实施设定财产担保、债权和有价证券的转让、对债权人利益有重大影响的其他财产处分行为，但应当及时报告债委会。《企业破产法解释三》第十五条也明确了管理人应当事先制作财产管理或者变价方案。

在破产重整中引入服务信托自然也属于对债权人利益有重大影响的财产处分行为，根据法律规定应当报告债委会。但是，管理人引入信托机构处理破产企业资产这一行为的有效性和合法性并没有得到法律的确认。鉴于《信托公司资金信托管理暂行办法（征求意见稿）》将服务信托区别于传统的资金信托，那么信托法的有关规定是否可以直接套用到破产重整程序中呢？现阶段需要具体问题具体分析，上文中已经说明了设置服务信托对于资产隔离的意义，但是信托在其中的工具性价值需要法律作出进一步规定。设置信托固然可以处理投资人不愿意接手的待处置资产，但是这种情况也可能产生别的问题：信托机构代为处置这些资产，乃至未来分配资产收益的法律依据在哪里？如果信托机构有权处置这些资产，那其在重整计划通过前后与管理人、债权人、债务人的关系在法律上是否明确？这些问题现阶段是无法给出明确回答的，需要学界对此间逻辑进行进一步分析。

2. 服务信托接手待处置资产的范围尚未明确

从操作上来说，破产企业在重整过程中哪些资产可以被投资人接手，哪些资产需要归纳并设置服务信托，需要法院和管理人的共同分析判断。从现有的规定来看，并没有任何一个条文对哪些资产可以纳入服务信托作出规定。就此，可以合理地提出一些怀疑：是否可以通过增加待处置资产价值的方式促使更多债权人同意适用服务信托？是否可以通过将劣质资产全部剥离到信托计划中武断地隔离破产企业财产？这些问题在今后的操作中必须由法律加以明确,否则可能导致管理人或信托机构在操作上的混乱。

同时，信托受益人，也就是原先的企业债权人对信托的受益期待往往来源于信托计划接手财产的价值。如果债权人认为剥离到信托计划的财产未来不具有产生收益的可能，一方面债委会可能不会同意这样的财产变价方案，另一方面信托机构也可能因为资产过于劣质而放松管理，导致待处置资产价值贬损。

3. 在破产程序中引入服务信托的法定程序尚未明确

破产案件的处理具有一套严格的法定程序，任何一个步骤的推动都需要有相应的法律依据作为支撑。近些年来，我们看到随着“府院联动”机制等模式加速推动了社会资本参与到企业破产重整案件中，给一些破产重整案件带来了新的契机，但是，大部分创新模式仍然缺乏相应的法定程序进行规制。在破产案件中引入服务信托是现阶段非常具有现实意义和操作性的创新，但是需要相关法律法规对于服务信托何时介入、何时投票、定期监督、信息披露等程序性事项进行规定，从而为服务信托和破产重整的结合打下制度框架。

四、总结

从现阶段来看，服务信托和破产重整的结合在一些大型企业的重整计划中已经初见成效，具有了一定的操作可能性。服务信托依托于信托计划的制度优势和信托机构的管理经验，可以起到隔离破产企业财产、提高偿债可能等效果。但是，作为破产案件处理过程中的新产物，服务信托如何在破产重整程序中发挥更大的作用不仅需要更多的实践案例提供操作经验，还需要法律进一步改进以保障服务信托介入破产重整的程序合法和实体公平。

附录：部分省市有关房地产企业破产的法规

地区	名称	备注
北京	北京市破产企业非经营性资产移交暂行办法	第八、十、十一、十四（三）条
	北京破产法庭关于降低办理破产成本的工作办法（试行）	第10、19条
	关于建立企业破产工作府院联动统一协调机制的实施意见	第二（六）条
上海	上海市高级人民法院、国家税务总局上海市税务局关于优化企业破产程序中涉税事项办理的实施意见	第三（一）条
浙江	杭州市余杭区人民法院房地产企业破产审理操作规程（试行）	
	浙江省高级人民法院关于印发《关于深化执行与破产程序衔接推进破产清算案件简易审理若干问题的会议纪要（二）》的通知	第六条（5）
	关于印发《浙江省优化营商环境办理破产便利化行动方案》的通知	第二（一）（5）、（二）（2）条
	国家税务总局浙江省税务局关于支持破产便利化行动有关措施的通知	第三条
	浙江省财政厅关于两个以上买受人联合购买关闭破产企业的土地房屋契税征管问题的通知	
江苏	江苏省高级人民法院破产案件审理指南（2017修订）	第七（2）（3）条
	江苏省高级人民法院关于规范执行案件移送破产的若干规定（2018）	第二十一条

	江苏省高级人民法院、国家税务总局江苏省税务局关于做好企业破产处置涉税事项办理优化营商环境的实施意见	第五（1）条
	常州市人民政府办公室关于建立企业破产处置协调联动机制的通知	第二（4）条
	常熟市人民政府办公室关于建立常熟市企业破产处置协调联动机制的意见	第二（二）（三）（七）条
	扬州市政府办公室关于建立扬州市企业破产处置协调联动机制的实施意见	第三（八）（十）条
广东	关于印发《广东省高级人民法院关于审理企业破产案件若干问题的指引》的通知	第四十一、一百一十二条
	企业破产涉税事项办理一本通	第四条
	深圳市中级人民法院关于执行移送破产案件管理人工作指引（试行）	第五十三条
	深圳市中级人民法院关于印发《破产案件债权审核认定指引》的通知	第六十三、六十四、六十八条
河北	河北省企业破产管理人协会破产债权申报登记与审查工作指引（2019版）	第三十一条
	河北省企业破产管理人协会财产调查与管理工作指引（2019版）	第三十条
河南	平顶山市中级人民法院房地产企业破产案件审理操作指引（试行）	
云南	昆明市中级人民法院关于规范全市法院房地产企业破产案件审理相关问题的指引（试行）	
宁夏	关于加快推进“僵尸企业”（破产企业）土地处置工作的通知	第二（一）（二）（三）（四）条

陕西	陕西省人民政府办公厅关于建立企业破产联动工作机制的通知	
四川	四川省高级人民法院关于印发《关于审理破产案件若干问题的解答》的通知	第三（8）条
江西	江西省人民政府办公厅关于印发《江西省企业破产处置府院联动机制工作方案》的通知	第四（八）（九）条

北京

北京市破产企业非经营性资产移交暂行办法

第八条　破产企业对原自管的公有住房享有的权利和承担的义务由接收单位全面接管。接收单位的权利和义务主要包括：享有未出售住房的产权并与原承租人重新签订（或变更）房屋租赁协议；对未出售住房进行维修管理，收取租金，依法向承租人出售现住房；享有已售公房再上市交易时原破产企业应得的收益；协助购房职工办理已购公房再上市交易的手续。

第十条　接收单位在接收破产清算组移交的职工住房后，由市财政按下列标准给予一次性补助费：已售楼房，每平方米（建筑面积）补助50元。平房，每平方米（建筑面积）补助150元。接收单位接收未售楼房和其他非经营性资产，市财政不予补助。

第十一条　非经营性资产中房屋土地尚未办理《房屋所有权证》、《国有土地使用证》的，由破产清算组负责征询市有关主管部门的意见，在符合土地利用总体规划和城市规划的前提下，由接收单位按基本建设程序办理相关手续，相关费用由破产清算组协调解决；不符合土地利用总体规划和城市规划的，接收单位如不同意接收，由破产清算组移交原企业的出资人（控股公司或集团公司，下同）管理。属于职工住房的，市财政局按本办法第十条规定将补助费划拨给原企业的出资人。

第十四条　非经营性资产的移交处置方案包括：

（三）职工住房情况，按已售住房（成本价、标准价）和未售住房分别列出，并说明维修基金的提取和使用情况。

北京破产法庭关于降低办理破产成本的工作办法（试行）

10. 管理人可以通过北京市政务服务中心设置的企业破产强制清算信息查询窗口，集中查询企业登记、不动产、车辆、房产交易、员工社保、医保、住房公积金等信息。

19. 企业因重整取得的债务重组收入，依照国家有关规定适用企业所得税税前扣除政策。破产企业可以依照《北京市优化营商环境条例》第七十六条规定，向税务机关申请办理相关减免房产税、城镇土地使用税等事项。

关于建立企业破产工作府院联动统一协调机制的实施意见

二、府院联动机制成员单位及任务分工

府院联动机制由市高级人民法院、市民政局、市财政局、市人力资源和社会保障局、市规划和自然资源委员会、市住房和城乡建设委员会、市市场监督管理局、市国有资产监督管理委员会、市地方金融监督管理局、市税务局、中国人民银行营业管理部、中国银行保险监督管理委员会北京监管局、市工商业联合会 13 个单位组成。根据工作需要，可增加其他单位参加。

（六）市住建委：研究制定和落实破产企业处置中涉及的有关房屋交易等政策。

上海

上海市高级人民法院、国家税务总局上海市税务局关于优化企业破产程序中涉税事项办理的实施意见

三、落实税收优惠政策

（一）破产清算事项

依法进入破产程序的企业资产不足清偿全部或者到期债务，其房产

土地闲置不用的，可以在人民法院裁定受理破产申请后，按现行规定向主管税务机关申请房产税和城镇土地使用税困难减免。

浙江

杭州市余杭区人民法院房地产企业破产审理操作规程（试行）

为公平公正审理房地产企业破产案件，进一步规范房地产企业破产案件审理工作，根据《中华人民共和国企业破产法》（以下简称《企业破产法》）、《中华人民共和国民事诉讼法》等法律法规、司法解释，浙江省高级人民法院《关于规范企业破产案件管理人工作若干问题的意见》、《关于企业破产案件简易审若干问题的纪要》、《关于企业破产财产变价、分配若干问题的纪要》、《关于在审理企业破产案件中处理涉集资类犯罪刑民交叉若干问题的讨论纪要》及杭州市中级人民法院民事审判第二庭《关于破产案件审理中有关问题的理解（立案方面）》等文件精神，结合本院破产案件审理实践，制定本操作规程。

一、总则

1.**（总体要求）**审理房地产企业破产案件必须以事实为依据，以法律为准绳，建立健全房地产企业破产审理工作机制，公平清理债权债务，保护债权人和债务人的合法权益，维护社会主义市场经济秩序。

2.**（适用范围）**从事房地产开发、经营活动，并以营利为目的进行自主经营、独立核算的企业法人，不能清偿到期债务，并且资产不足以清偿全部债务或者明显缺乏清偿能力，进入破产程序的，适用本操作规程。

3.**（组织保障）**审理房地产企业破产案件，应当组成合议庭。针对涉众涉稳型房地产企业破产，可结合案件实际情况成立由院领导担任组长的领导小组。

4.**（合作和协调机制）**房地产企业破产案件的审理工作应当坚持公平与效率的统一，努力提高审判效率，探索多平台合作机制。建立法院、政府职能部门、管理人、债权人会议（债权人委员会）对接和协调机制，及时处置各类风险，依法审理房地产企业破产案件。

二、申请

5.**（申请破产）**申请房地产企业破产的，申请人应当提交房地产企业不能清偿到期债务，并且资产不足以清偿全部债务或明显缺乏清偿能力的相关证据。

6.**（执行转破产程序的启动）**执行部门在受理以房地产企业为被执行人的执行案件中，根据调查确定该企业总体资产与负债情况，作出被执行企业已符合破产受理条件的总体判断后，应及时向申请执行人或被执行人告知与释明，经申请执行人之一或被执行人同意后，按照法院执行移送破产程序操作规程，启动执行转破产的相关工作。

7.**（申请人应当明确所申请的具体破产程序）**申请人向法院提出破产申请的，应当依据《企业破产法》第七条之规定，明确选择具体的破产程序。申请人同时提出重整、和解或清算申请的，经法院释明后，申请人不作变更的，裁定不予受理。

不同申请人同时提出有关房地产企业的重整、和解或者破产清算申请的，应当组织申请人或被申请人协商确定具体的破产程序。协商不成的，由法院视案件情况决定受理相应申请。

8.**（破产申请书）**向法院提出破产申请，应当提交破产申请书。破产申请书应当载明下列事项：

（1）申请人、被申请人的基本情况，包括名称或姓名、住所地、法定代表人姓名及职务。申请人为债务人时，只需列出申请人的基本情况；

（2）申请目的，即申请重整、和解还是破产清算；

（3）申请的事实和理由，主要指债务人有《企业破产法》第二条规定的情形；

（4）法院认为应当载明的其他事项。

9.（**房地产企业自行申请破产时应当提交的材料**）房地产企业申请破产，除应当提交破产申请书以外，还应当提交下列材料：

（1）企业主体资格证明，包括企业法人营业执照、组织机构代码证等；

（2）企业法定代表人或者主要负责人名单、联系方式，及董事、监事、高级管理人员和其他管理部门负责人名单、联系方式；

（3）财产状况说明，包括有形资产、无形资产、对外投资情况、资金账户情况、在建工程基本情况等；

（4）债务清册，列明债权人名称、住所、联系方式、债权数额、有无担保、债权形成时间和被催讨情况；

（5）债权清册，列明债务人名称、住所、联系方式、债务数额、有无担保、债务形成时间和催讨偿还情况；

（6）有关财务会计报告；

（7）企业涉及的诉讼、仲裁、执行情况；

（8）企业职工情况和安置预案，列明解除职工劳动关系后依法对职工的补偿方案；

（9）职工、高管人员工资的支付和社会保险费用、住房公积金的缴纳情况；

（10）企业申请重整的，应提交重整的必要性和可行性评估材料；

（11）企业申请和解的，应提交和解协议草案。

（12）法院认为应当提交的其他材料。

10.（**债权人申请破产时应当提交的材料**）债权人申请房地产企业破产，除应当提交破产申请书以外，还应当提交下列材料：

（1）债权人及债务人的主体资格证明；

（2）债权发生的事实及债权性质、数额、有无担保，并附证据；

（3）债务人不能清偿到期债务的证据；

（4）申请债务人重整的，应说明具体理由。

11.（**执行转破产程序时应当提交的材料**）执行部门启动执行转破产程序的，应当制作《执行案件转破产程序移交表》，并附下列材料：

（1）执行案件立案审查材料、生效法律文书；

（2）强制执行被执行企业财产的民事裁定书以及反映经强制执行后被执行企业无法清偿债务的相关材料；

（3）被执行企业涉执、涉诉案件清单，包括案号、当事人、标的额、受理费、执行费、联系方式等情况；

（4）执行部门已穷尽对被执行企业调查措施取得的相关材料，主要包括但不限于被执行企业的银行存款、房地产、车辆、股权登记查询资料、工商登记基本材料以及法院网络执行查控系统和“点对点”查控系统调取的信息及反馈结果；

（5）执行中对被执行企业已查封、扣押、冻结财产的清单，已掌握的会计账簿等材料以及已处置财产的情况，对已经作出评估、审计的附评估报告、审计报告；

（6）执行部门在执行程序中发现或掌握的被执行企业及其相关人员隐匿、转移财产等涉嫌逃废债行为的相关材料；

（7）当事人同意移送破产的谈话笔录、书面申请等；被执行企业不同意移送破产的，附相应不同意的材料及执行部门发送的要求被执行企业在宽限期内清偿债务等材料；

（8）其他有必要移送的材料。

12.（**更正、补充材料**）申请人向法院提出破产申请，应当按《企业破产法》及本操作规程的规定提交破产申请书和申请材料。申请人提交的材料不符合规定的，法院应当自收到破产申请之日起七日内告知申请人需要更正、补充的材料，并指定提交期限。

申请人更正、补充有关申请材料的时间，不计入《企业破产法》第十条规定的对破产申请的受理审查期限。

13.（**独立法人单独破产原则及例外**）房地产企业投资的全资公司、控股的公司等具有独立法人资格的关联企业不能清偿到期债务，需要进行破产还债的，原则上应当分别提出破产申请。

关联企业不当利用关联关系，导致关联企业成员之间法人人格高度混同，损害债权人公平受偿利益的，关联企业成员、关联企业成员的债权人、关联企业成员的清算义务人、已经进入破产程序的关联企业成员的管理人，可以向法院提出对关联企业进行合并破产的申请。

三、审查及受理

14.（**开通涉房破产申请绿色通道**）对申请房地产企业破产的当事人，开通绿色通道，立案部门做好破产案件申请材料的形式审查工作，于两个工作日内将申请材料移交破产审理部门进行实质审查，符合破产申请条件的，破产审理部门应依法及时受理；不符合破产申请条件的，破产审理部门应在三个工作日内出具书面审查意见答复申请人。

15.（**通报、上报机制**）受理房地产企业破产可能引发重大社会不稳定因素的，应当将案件相关情况及时向当地党委汇报，争取政府支持，并报上级法院。

16.（**制定维稳预案**）对可能引发不稳定因素的房地产企业破产案件，全面审查该破产企业的涉诉、涉执、涉稳情况，主动与政府相关部门、破产企业属地镇街沟通联系，提前做好维稳预案，及时沟通相关信息，搭建沟通交流、协调处理的平台，防止群体性事件的发生。

17.（**破产申请审查期间的证据保全措施**）在法院审查破产申请期间，发现房地产企业财产、印章和账簿、文书等可能被隐匿、转移、处分或者销毁的，破产申请人可以向法院申请对房地产企业财产、印章和账簿、文书等采取保全措施，法院可以责令申请人提供相应担保。

18.（**对破产申请的异议权**）房地产企业对债权人提出的破产申请有异议的，可以自收到法院的通知之日起七日内，就法院对本案是否具有管辖权、申请人与被申请人的主体资格、申请人债权的真实性及合法性，以及房地产企业是否发生破产原因等向法院提出书面异议，并应当提交相关的证据材料。

法院认为有必要的，可以组织破产申请人、房地产企业等破产利害关系人对破产申请应否受理进行听证。与破产申请存在利害关系的人员可以申请参加，组织听证的时间不计入破产申请的受理审查期间。

19.**（对房地产企业异议的处理）**房地产企业对案件管辖权、申请人的主体资格或房地产企业是否符合破产条件提出异议，法院经审查异议成立的，裁定不予受理破产申请。

20.**（听证会）**涉及在本辖区范围内有重大影响的房地产企业破产申请可以通过听证会等形式，组织申请人、债务人、主要债权人，必要时邀请当地政府有关人员参加。听证会可以按照以下程序进行：

（1）破产申请人宣读破产申请书，陈述申请破产的事实和理由及相关证据；

（2）债务人的法定代表人或有关负责人简要陈述企业性质、注册情况、生产经营状况、资产及负债情况。债权人申请债务人破产的，债务人有权提出抗辩；

（3）对证据材料进行初步审查，对债务人的资产、负债、担保、财产抵押、资产变现、债务清偿、职工安置等情况进行调查；

（4）债权人申请债务人破产，法院应当通知债务人核对以下情况：债权的真实性、债务人是否存在不能清偿到期债务的情况；

（5）法院认为应当调查的其他事项。

21.**（裁定受理）**裁定受理破产申请的，受理裁定自作出之日起生效。受理裁定应当自作出之日起五日内送达申请人和被申请人。

债权人提出申请的，房地产企业应当自裁定送达之日起十五日内，向法院提交财产状况说明、债务清册、债权清册、有关财务会计报告以及职工、高管人员工资的支付和社会保险费用、住房公积金的缴纳情况。

22.**（裁定不予受理）**裁定不受理房地产企业破产申请的，应当自裁定作出之日起五日内送达申请人和被申请人并说明理由。申请人对裁定不服的，可以自裁定送达之日起十日内向上一级法院提起上诉。

23.**（裁定驳回破产清算申请）**受理房地产企业破产清算申请后至破产宣告前，经审查发现房地产企业不符合《企业破产法》第二条规定情形的，可以裁定驳回申请。申请人对裁定不服的，可以自裁定送达之日起十日内向上一级法院提起上诉。

四、破产申请预登记

24.**（破产预登记申请标准）**对申请人提出的房地产企业破产申请，立案部门应及时将申请材料移交破产审理部门审查，符合下列情形的，可依法进行破产申请的预登记：

（1）适用集中管辖措施化解和处置企业债务危机的；

（2）债务人是否构成破产原因存在不确定性，需要进行进一步论证的；

（3）商业银行启动信贷风险会商帮扶机制的；

（4）已经提出破产重整申请，但已知重要债权人等利害关系人对债务人进行重整存在较大意见分歧的；

（5）经法院释明，申请人同意法院进行企业破产申请预登记的；

（6）其他需要进行企业破产申请预登记的情形。

25.**（预重整）**房地产企业根据实际情况，符合浙江省高级人民法院《关于企业破产案件简易审若干问题的纪要》规定的，可以在破产预登记期间进行预重整，梳理债权债务、寻找融资方、召集已知债权人在正式进入破产程序前达成重整意向并形成重整方案。

26.**（预登记期间的召集工作）**企业破产申请预登记期间，已知债权人（含有担保债权人）一人或多人联合，持有的债权占已知债权（含担保债权）总额二分之一以上的，可以作为召集人，比照《企业破产法》的相关规定建立债权人联络、协商机制并开展工作。多人联合作为召集人的，可以选任召集人代表或主召集人，具体负责召集工作。

27.**（债权人联络、协商机制的形式）**预登记期间，召集已知债权人会议或已知债权人代表会议等建立债权人联络、协商机制的，由召集人代表或主召集人向法院申请备案。已知债权人会议组织方案、已知债权人的临时表决权金额、常设的执行机构等有关事项可以参照《企业破产法》之相关规定。

28.**（破产预登记期间的行为效力）**预登记期间，债权人、债务人和相关利害关系人的债务清偿行为不得违反《企业破产法》第三十一条、第三十二条和第三十三条之规定。

破产预登记期间形成的续建复工方案、优先清偿方案等，在案件进入破产程序后，对相关承诺方仍具有约束力。

五、管理人

29.**（指定管理人）**裁定受理房地产企业破产申请的，应当同时指定管理人。对事实清楚、债权债务关系简单、债务人财产相对集中的房地产企业破产案件，以及已知的债务人财产可能不足以支付管理人报酬和管理人执行职务费用的房地产企业破产案件，可由法院提出对管理人的相关要求，由符合条件的在册管理人报名参加摇号，通过随机方式产生管理人。

对在当地有重大影响、法律关系复杂、债权人众多的房地产企业破产案件，通过竞争方式产生管理人。

30.**（管理人团队的要求）**房地产破产案件应当由律师事务所、会计师事务所、破产清算事务所等社会中介机构担任管理人或联合管理人，管理人工作团队中应有在房地产、建设工程等相关领域具有专业知识和实务经验的专业律师，或聘用相关领域专家担任管理人顾问。

31.**（管理人内部管理制度）**法院应当要求管理人及时拟定具体的管

理工作规程、会议议事规程、财务收支管理制度、证照和印章管理制度、处理突发事件应急预案、档案管理制度、保密制度等内部管理制度，并报法院备案后执行。

32.**（法院指导监督管理人工作）**法院应从以下几个方面指导监督管理人工作：

（1）要求管理人制定包括团队构成、工作进度、时间节点、工作路线、工作成果等内容的工作方案；

（2）建立周报制度，由管理人每周汇报工作进展；

（3）建立薪酬激励机制，将管理人履职情况，特别是协助法院实行破产案件简易审的工作业绩作为确定管理人报酬的重要依据；

（4）建立考评反馈机制，案件审理中根据各项工作开展情况予以考评，案件审结后出具管理人履职情况专题报告，报上级法院备案。

六、债权申报及审查确认

33.**（债权申报期限和补充申报）**债权人应当在法院受理破产申请通知书和公告中确定的债权申报期限内向管理人申报债权。

在法院确定的债权申报期限内，债权人未申报债权的，可以在破产财产最后分配前或重整计划草案提交债权人会议表决之前补充申报。但此前已进行的分配不再对其补充分配。为审查和确认补充申报债权的费用，由补充申报人承担。

债权人未依照《企业破产法》规定申报债权的，不得依照《企业破产法》规定的程序行使权利。

34.**（职工债权）**《企业破产法》第一百一十三条第一款第（一）项规定的职工债权，不必申报。管理人应当在第一次债权人会议召开前十五日内完成调查并列出详情清单并进行公示。

职工对清单记载有异议的（包括对是否具有职工身份、债权数额、债权性质等有异议），应当在公示后十五日内申请管理人更正，管理人不予更正的，应当作出不予更正决定，并说明理由。异议职工不服该决定的，可在收到该决定之日起十五日内以债务人为被告直接向受理破产申请的法院提起诉讼，请求确认债权。逾期不提起诉讼的，视为同意。

债务人所欠职工的住房公积金、住房补贴，属于《企业破产法》第一百一十三条第一款第（一）项规定的职工债权。

35.**（税收、社会保险等债权）**税收、社会保险费、住房公积金债权，由有关征管机关向管理人申报。

36.**（购房者债权处理方式）**在建房地产项目决定复工续建的，消费购房者债权按以下方式处理：

（1）在破产案件受理前，已支付全部或者大部分购房款的购房者已经解除购房合同，要求返还购房款的，承包人就该商品房享有的工程价款优先受偿权不得对抗买受人的购房款返还请求权；

（2）在破产案件受理后，已支付全部购房款的购房者要求交付房屋、办理权证的，承包人就该商品房享有的工程价款优先受偿权不得对抗买受人在房屋建成情况下的房屋交付请求权；

（3）仅支付部分购房款的购房者要求交付房屋、办理权证的，在付清余款后，承包人就该商品房享有的工程价款优先受偿权不得对抗买受人在房屋建成情况下的房屋交付请求权。

管理人对债权人选择付清余款可能承担的相关法律风险应予以解释并做好记录。

37.**（购房者债权的审查）**债权人以购房者名义申报债权，经审核为虚假按揭、以房抵债、设定让与担保等情形的，管理人应按基础法律关系的性质认定债权。

38.**（因违约产生的债权）**债权人或管理人解除购房合同产生的违约金、损害赔偿金、逾期利息损失、房屋差价款、房屋装修损失等，或者债权人要求交付房屋、办理权证而产生的逾期交付房屋、办理权证的违约责任请求均按无财产担保债权认定。

39.**（实际施工人债权）**实际施工人的债权，原则上应由与房地产企业建立建设工程施工合同关系的承包人进行申报。实际施工人与房地产企业建立建设工程承包合同关系的承包人之间的合同关系是否具有法律效力，不影响债权的审核，但工程质量不符合约定的除外。

40.**（债权申报的审查）**管理人应当制定债权审查制度规则，做好债权实质审查工作，确定债权的性质、数额、担保财产、是否超过诉讼时效、是否超过申请执行时效等情况。

41.**（编制债权表）**管理人应当根据审查情况，区分确认债权、待确认债权和不予确认债权，分别编制详细的债权表，提交第一次债权人会议核查。应予确认债权的债权表，应当按照债权的清偿顺序、债权性质进行分类登记。

债权表、债权申报登记册和债权申报材料在破产程序终结前由管理人保管，供债权人、债务人、债务人职工及其他利害关系人查阅。

42.**（债权核查的时间）**管理人编制的债权表应当提交第一次债权人会议核查。因特殊原因无法在第一次债权人会议上核查的，可以在以后的债权人会议核查。

43.**（无异议债权）**债务人、债权人均对债权表记载的债权无异议的，由法院根据管理人的申请裁定确认。

债务人是否有异议的意思表示，由债务人的法定代表人或委托代理人作出。债务人的法定代表人未参加债权人会议，亦未委托代理人参加债权人会议的，视为债务人无异议。

债权人未参加亦未委托代理人参加债权人会议的，视为该债权人对债权表记载的本人的债权以及其他债权人的债权无异议。

44.**（有异议债权的处理）**债务人、债权人对债权表记载的债权有异议的，可以在核查债权后 15 天内向管理人申请复核，15 天内未向管理人申请复核也未向法院提起诉讼的，视为对异议债权的撤回。对管理人复核仍有异议的，可以在管理人告知的合理期限内向法院提起诉讼，逾期不提起诉讼的视为债权确定。

七、第一次债权人会议

45.**（会议方案）**第一次债权人会议召开，应当制定债权人会议工作方案，按照工作部署，召开动员大会，成立安全保卫、案件审理、后勤保障、舆情应对等工作组。

46.**（会务安排）**根据实际情况拟订会务预案，会务预案包括并不限于通知发送时间与方式、会场选址与布置、物资配备、人员配备、文件准备、咨询与查询安排、费用预算等。

精细设计会议的座位编排、签到存包、材料分发、议案表决、计票统计等各个环节，在计票统计时可以设置不同颜色的表决票区分有担保债权人和无担保债权人、已确认债权人和待确认债权人等，必要时可由公证机关对会议表决进行公证。

47.**（维稳保障）**召开规模较大或者可能存在维稳因素的债权人会议，应制定维稳保障方案，对需要区相关职能部门配合的工作，形成书面材料及时向区委政法委汇报，并根据政法委的协调结果联合公安、卫生、电力等部门做好债权人会议的安全、医疗和供电保障等事项。

48.**（简易审工作方案）**召开第一次债权人会议时公布《简易审工作方案》，听取管理人、债权人、债务人、职工代表意见并付诸实施。方案中包括但不限于由第一次债权人会议决定此后债权人会议的召开形式、表决方法等；确定债权人委员会职权、由债权人会议授予债委会部分债权人会议职权；设计财产变价流程，运用拍卖、变卖、协议转让等多种方式对破产财产进行变价。

49.**（第一次债权人会议议程）**第一次债权人会议一般包括如下议题议程，可以根据实际情况进行调整：

（1）宣布会议纪律要求、债权人的到会情况；

（2）介绍破产申请受理及指定管理人的情况，告知合议庭组成人员和书记员；

（3）指定债权人会议主席；宣布债权人会议主席的职责；

（4）宣布债权人会议职权；

（5）管理人作执行职务报告和债务人财产状况报告；

（6）核查债权；

（7）以表决方式决定是否设置债权人委员会，通过对债权人委员会职权的授权范围和债权人委员会议事规则，选举债权人委员会成员；

（8）以表决方式决定继续或者停止债务人的营业；

（9）通过债务人财产管理方案、管理人报酬方案及中介机构费用方案等；

（10）管理人、债务人的法定代表人等接受债权人的询问。

八、重整

50.**（重整申请主体）**债务人或者债权人可以依据《企业破产法》的相关规定，直接向法院申请对债务人进行重整；

债权人申请对债务人进行破产清算，在法院受理该申请后、宣告债务人破产前，债务人以及单独或者合计出资额占债务人注册资本十分之一以上的出资人，可以向法院申请重整。

51.**（重整申请材料）**法院在受理债权人提出的破产申请后，宣告债务人破产前，出资额占债务人注册资本十分之一以上的出资人向法院申请对债务人重整时，应当提交以下证据材料：

（1）重整申请书。重整申请书应列明如下内容：出资人的基本情况、申请请求、申请的事实和理由；

（2）出资人的出资证明和主体资格证明文件；

（3）债务人有挽救希望与价值的证据材料；

（4）债务人重整的可行性分析或债务人的重整经营方案、资金筹集方案、资产与业务整顿方案及与债务人重整有关的其他方案；

（5）对债务人重整须经有关行政机关审查同意的，应当提交有关行政机关同意对债务人重整的文件；

（6）法院认为应当提交的其他材料。

52.**（重整申请的实质审查）**对重整申请进行实质审查时，可以要求债权人、债务人、出资人提交相关文件并接受询问，同时，可以征询银行等金融机构或维稳办、工商部门、税务部门等有关机关的意见。

53.**（裁定不予受理）**经实质审查，法院认为申请人的重整申请具有下列情形之一的，应裁定不予受理：

（1）申请人不具有重整申请权或该申请未经有关机关同意或批准；

（2）债务人缺乏《企业破产法》第二条规定的重整原因；

（3）债务人下落不明或其财务账册、原始凭证严重缺失，难以查明债务人财产状况，无法判断债务人是否具备重整原因；

（4）债务人无重整希望或无经营价值，如债务人无重整意愿或不遵从重整程序、债务人不具有继续经营的条件、债务人难以通过重整偿还债务、关于债务人重整的可行性分析不符合实际、重整参与各方不具有重整能力、债务人重整没有社会价值和经济效益等；

（5）申请人的重整申请违背诚实信用原则，如债权人与债务人恶意串通，虚构债权债务事实，意图借重整申请帮助债务人逃避债务；债权人意图损害公平竞争，借重整申请毁损债务人商业信誉；债务人有隐匿、转移财产等行为，为了逃避债务而自行申请重整；债务人提交的财产状况说明与查实情况严重不符或巨额财产下落不明且不能合理解释财产去向等；

（6）法院认为应不予受理的其他情形。

54.**（财产管理和营业事务）**重整期间，管理债务人财产和营业实务既可以由管理人负责，也可以经法院批准，由债务人在管理人监督下自行负责。

55.**（债务人自行管理的条件）**重整期间，债务人符合下列条件的，经债务人申请，法院可以批准债务人在管理人的监督下自行管理财产和营业事务：

（1）未发现债务人有《企业破产法》第三十一条、第三十三条规定的行为；

（2）债务人的内部治理结构足以使企业正常运转；

（3）出资人对债务人自行管理财产和营业事务有实际可行的支持措施；

（4）不损害债权人利益。

债务人自行管理的，依照《企业破产法》及本规程规定已接管债务人财产和营业事务的管理人应当向债务人移交财产和营业事务，《企业破产法》及本规程规定的管理人的部分职权由债务人行使。

56.**（重整计划草案的提出主体）**债务人自行管理财产和营业事务的，由债务人制作重整计划草案；管理人负责管理财产和营业事务的，由管理人制作重整计划草案；债权人、债务人出资人、新出资人等利害关系人均可就重整计划草案向债务人或管理人提出建议。

57.**（重整程序转为破产清算）**在重整期间，有下列情形之一的，经管理人或者利害关系人请求，法院应当裁定终止重整程序，并宣告债务人破产：

（1）债务人的经营状况和财产状况继续恶化，缺乏挽救的可能性；

（2）债务人有欺诈、恶意减少债务人财产或者其他显著不利于债权人的行为；

（3）由于债务人的行为致使管理人无法执行职务。

58.**（终止重整计划执行）**债务人不能执行或者不执行重整计划的，法院经管理人或者利害关系人请求，应当裁定终止重整计划的执行，并宣告债务人破产。

自法院作出上述裁定之日起，债权人在重整计划中作出的债权调整的承诺失去效力。债权人因执行重整计划所受的清偿仍然有效，债权未受清偿的部分作为破产清算程序中的破产债权，在其他同顺位债权人同自己所受的清偿达到同一比例时，才能继续接受分配。

九、房地产项目续建

59.**（复工续建）**管理人对是否进行工程后续建设可以聘请专业机构进行商业评估，也可以采纳重整投资人等第三方聘请的专业机构所做的商业评估，根据项目实际情况提出是否进行后续建设、如何进行后续建设的建议，由债权人会议表决通过。

工程后续建设原则上应由原施工单位、监理单位等完成。需要更换施工单位、监理单位的，原则上应重新进行招标投标程序，但经债权人会议或由债权人会议授权的债权人委员会表决通过，管理人可不通过招标投标程序与具有资质的单位签订后续建设施工相关的合同。

60.**（工程续建的融资）**后续建设可通过债权人出资、第三方平台融资等方式筹集资金，具体方案需经债权人会议或由债权人会议授权的债权人委员会表决通过。由管理人负责工程续建融资的具体使用，法院对融资的使用有权进行监督。

61.**（排除后续施工的妨碍）**因原施工单位或者其他第三人原因，导致后续施工无法正常进行的，管理人应当会同有关部门及时排除妨碍。

若原施工单位拒不向管理人交付必要的施工资料，妨碍后续施工、验收、办理权证等，法院可以出具协助执行通知，要求交付，拒不交付的，可以依法采取强制措施。

62.**（行政审批配合）**决定续建的工程项目，管理人提交续建方案后，应及时与国土、规划等部门进行对接，获得相关土地、规划许可；对基本完工的房地产项目，管理人应及时向国土、建设、规划、消防、环保、人防等部门提交相应材料，尽快办妥相关手续。

十、国有土地上的非商品房项目

63.**（国有土地上非商品房项目的定义）**国有土地上非商品房项目是指债务人在非商品房开发建设用地上，将原规划的土地和房屋用途建设成住宅、商铺或写字楼等房产，并进行对外出售、分割转让、出租等的房地产项目。

64.**（债权申报登记）**对债权人主张以买卖、租赁或是其他形式实现非商品房分割转让的,告知其以实际出资款项金额作为债权本金申报债权。

65.**（业主债权审核）**业主已支付购买房屋的全部或大部分款项，在申报债权时主张优先权的，管理人应当严格审查房屋性质、土地使用权性质、款项交付的形式、相关合同的性质及效力等，综合判断债权人是否享有优先权。

十一、破产清算

66.**（宣告破产的时间）**第一次债权人会议召开之后，无人提出重整或和解申请，房地产企业符合《企业破产法》规定的宣告破产条件的，管理人应当申请法院裁定宣告房地产企业破产。管理人未申请的，法院可依职权宣告破产。

破产申请受理后，房地产企业财产不足以清偿破产费用，且无人代为清偿或予以垫付的，经管理人申请，法院裁定宣告房地产企业破产，并终结破产程序。宣告房地产企业破产的时间不受前款规定限制。

67.**（宣告破产前裁定终结破产程序的情形）**宣告破产前，有下列情形之一的，法院应当裁定终结破产程序，并公告：

（1）第三人为房地产企业的全部债务提供足额担保，包括到期债务，以及因破产受理而视为到期的未到期债务，且为债权人所接受；

（2）第三人为房地产企业清偿全部债务，包括到期债务，以及因破产受理而视为到期的未到期债务；

（3）房地产企业已清偿全部债务，包括到期债务，以及因破产受理而视为到期的未到期债务。

68.**（优先受偿权的行使）**在法院对房地产企业裁定宣告破产后，对房地产企业特定财产享有担保权的债权人可以就该特定财产行使优先受偿权，但法律另有规定的除外。

对房地产企业特定财产享有担保权的债权人行使优先受偿权未能完全受偿的，其未受偿的债权作为普通债权；放弃优先受偿权利的，其债权作为普通债权。

69.**（消费购房者优先权）**消费者交付购买商品房的全部或者大部分款项（50%以上）后，承包人就该商品房享有的工程价款优先受偿权既不得对抗买受人在房屋建成情况下的房屋交付请求权，也不得对抗买受人在房屋未建成情况下的购房款返还请求权。

70.**（消费购房者优先权的范围）**消费购房者的优先权，限于破产受理时房地产破产企业的全部资产，并以消费者已支付的购房款为限。

71.**（建设工程价款优先受偿权）**债务人为建设工程发包人时，就该建设工程折价或者拍卖的价款，承包人的建设工程价款债权优先于抵押权受偿。

建设工程承包人行使优先权的期限为六个月，破产案件受理时建设工程尚未竣工的，自破产受理之日起计算。

72.**（国家对划拨土地使用权出让金的优先受偿权）**以划拨方式取得的国有土地使用权及其地上建筑物设定抵押的，就该抵押的国有土地使用权折价或者拍卖的价款，应优先缴纳国家收取的土地使用权出让金。

73.**（拍卖变现及其例外情形）**破产财产的变现应当以拍卖方式为原则，但拍卖所得预计不足以支付评估、拍卖费用，债权人会议或由债权人会议授权的债权人委员会另有决议的除外。

依前款不进行拍卖或者拍卖不成的破产财产，可以作价变卖，或者进行实物分配。变卖或者实物分配方案应当提交债权人会议或由债权人会议授权的债权人委员会表决。

74.**（有优先购买权的拍卖）**拍卖的破产财产上存在优先购买权的，拍卖过程中，有最高应价时，优先购买权人可以表示以该最高价买受，如无更高应价，则拍归优先购买权人；如有更高应价，而优先购买权人不作表示的，则拍归该应价最高的竞买人。

顺序相同的多个优先购买权人同时表示买受的，以抽签方式决定买受人。

75.**（网络司法拍卖的情形）**对房地产企业的下列破产财产应优先通过司法网络拍卖平台进行处置：

（1）机动车；

（2）产权明晰的不动产（包括异地）；

（3）适宜通过网络司法拍卖平台进行处置的其他财产。

76.**（优先选择网络司法拍卖）**管理人应对破产财产处置方案中对标的物是否适合通过网络司法拍卖平台进行处置作出判断，并对债权人会议和担保债权人作出释明，引导债权人会议和担保债权人优先选择通过网络司法拍卖平台处置破产财产。

债权人会议应就企业全部或部分破产财产是否通过网络司法拍卖平台进行处置作出决议。

77.**（委托网络司法拍卖流程）**在破产程序中，对管理人委托法院在淘宝网司法拍卖平台或其他司法拍卖平台上进行司法拍卖方式处置破产企业资产的，由破产审理部门对管理人出具的委托书及拍品调查表、拍卖公告、拍卖须知等拍卖材料进行审查后移送审监庭，审监庭按照法院拍卖程序完成拍卖事宜。拍卖结束后审监庭将拍卖结果及买受人交纳拍卖款项的情况及时告知破产审理部门，由破产审理部门通知管理人向买受人交付拍卖标的物，对在拍卖成交后因资产过户过程中所需出具的民事裁定书等由破产审理部门依法作出，并由破产审理部门负责将拍卖款项支付给管理人。如拍卖未能成交的，则由管理人重新提交委托材料进行新的拍卖程序。

78.**（房地产开发项目拍卖相关问题）**土地使用权已支付了出让金，尚未取得产权证书的，在补办产权证书过程中产生的费用，作为共益债务。

政府相关管理部门的批准文件包括建设用地规划许可证、建设工程规划许可证、建筑工程施工许可证（或开工证）、预售许可证等，管理人应及时予以补办。

在建工程有预售合同及购房合同，管理人决定继续履行的，应当在拍卖文件中予以明确，并协助购房者与建设工程项目买受人做好衔接。

79.**（破产财产变价方案）**管理人应当及时拟订破产财产变价方案，提交债权人会议讨论，并按照通过的方案适时变价出售破产财产。

破产财产变价方案一般应包括以下内容：

（1）拟变价的破产财产范围、形态、类别；

（2）拟变价的财产评估情况；

（3）各类财产的变价方式；

（4）财产变价的时间与进度安排；

（5）财产变价的预计费用；

（6）委托评估、拍卖机构的情况。

80.**（分配方式）**房地产企业破产财产的分配原则上以货币分配方式进行。在管理人充分分析和释明风险的前提下，经债权人会议决议通过，可以对破产财产（含可售房源）进行实物分配。

81.**（破产财产分配方案）**管理人应当及时拟订破产财产分配方案，提交债权人会议讨论通过后，管理人提请法院裁定认可。破产财产分配方案应当载明下列事项：

（1）参加分配的债权人的名称或者姓名、住所；

（2）参加分配的债权额；

（3）可供分配的破产财产数额；

（4）破产财产分配的顺序、比例及数额；

（5）实施破产财产分配的方法。

82.**（法定清偿顺序）**依照《企业破产法》第一百一十三条之规定，破产财产在优先清偿破产费用和共益债务后，按照法定顺序进行清偿，破产财产不足以清偿同一顺序的清偿要求的，按照比例分配。

83.**（附条件债权的分配）**对于附生效条件或者解除条件的债权，管理人应当将其分配额提存。

在最后分配公告日，生效条件未成就或者解除条件成就的，应当将提存的分配额分配给其他债权人；在最后分配公告日，生效条件成就或者解除条件未成就的，应当将提存的分配额交付给债权人。

84.**（破产分配的受领）**债权人未受领的破产财产分配额，管理人应当提存。债权人自最后分配公告日起满二个月仍不领取的，视为放弃受领分配的权利，管理人或者法院应当将提存的分配额分配给其他债权人。

85.**（诉讼未决债权的分配）**破产财产分配时，对于诉讼或者仲裁未决的债权，管理人应当将其分配额提存。自破产程序终结之日起满二年仍不能受领的，法院应当将提存的分配额分配给其他债权人。

十二、附则

86.**（条文适用）**房地产企业破产程序中涉及的受理审查、管理人指定、破产费用、债权申报与确认、债权人会议召开、房地产企业财产清收、破产撤销、破产抵销等问题，本操作规程未规定的，适用《企业破产法》及相关法律法规、司法解释、指导性文件的规定。本操作规程与上级法院的相关规定不一致的，以上级法院相关规定为准。

87.**（参照适用）**其他破产案件参照适用本操作规程。

88.**（施行时间）**本操作规程自 2016 年 2 月 3 日起施行。本操作规程由本院审判委员会负责解释。

浙江省高级人民法院关于印发《关于深化执行与破产程序衔接推进破产清算案件简易审理若干问题的会议纪要（二）》的通知

六、（排除因素）具有下列情形之一的破产清算案件，一般不适用破产案件简易审理：

（5）房地产企业等特殊主体破产案件。

关于印发《浙江省优化营商环境办理破产便利化行动方案》的通知

二、主要工作任务

（一）加强部门合作，破解破产难题

5. 积极探索破产土地、房产处置措施。省自然资源厅会同省建设厅加强工作指导，支持各地积极探索，对符合相关要求、具备独立分宗条件的土地，经自然资源、建设等相关部门审核，报当地政府批准后，允许分割转让，降低大宗土地、房产处置难度；简化破产财产过户手续，为加快财产处置提供有力支持手段。

（二）创新工作机制，提高专业化水平

2. 培养专业的破产审判团队。对于暂不具备设立专门破产法庭条件的地区，各中级人民法院、基层人民法院应设立专门负责破产审判业务的合议庭，实现破产案件审理的集中化、专业化。每年定期组织破产业务培训，通过会议研讨、论文征集等形式，研究房地产企业破产、关联企业破产、破产财产处置等重点问题，提升破产审判人员专业素养。

国家税务总局浙江省税务局关于支持破产便利化行动有关措施的通知

三、酌情给予有关地方税收政策支持

依法进入破产程序的纳税人纳税确有困难的，税务机关可以应管理人的申请，按照《房产税暂行条例》第 6 条和《城镇土地使用税暂行条例》第 7 条的规定，酌情减免其房产税和城镇土地使用税。对于从事国家限制或不鼓励发展的产业的纳税人，不予办理房产税和城镇土地使用税的困难减免。

浙江省财政厅关于两个以上买受人联合购买关闭破产企业的土地房屋契税征管问题的通知

两个以上的买受人承受关闭、破产企业的土地、房屋权属，只能分别以其中各个买受人为纳税主体，按照其安置原关闭、破产企业职工的人数比例来判断是否享受财政部、国家税务总局《关于企业改制重组若干契税政策的通知》（财税 [2003]184 号）中第五和第六条规定的土地、房屋契税优惠政策。两个以上买受人安置的原关闭破产企业职工人数不得合并计算。

江苏

江苏省高级人民法院破产案件审理指南（2017 修订）

七、破产债权及清偿顺序

2. 商品房买受人的权益。房地产开发企业破产中，关于商品房买受人的权益，应重点把握以下问题：

商品房的权属变动。物权法第九条规定，不动产物权的设立、变更、转让和消灭，经依法登记，发生效力；未经登记，不发生效力，但法律另有规定的除外。据此，商品房权属尚未办理变更登记，买受人以实际支付全部购房款或已实际占有为由，主张实际取得商品房权属的，不予支持。《最高人民法院关于审理企业破产案件若干问题的规定》第七十一条第五、六的规定，与其后颁布的物权法确立的不动产物权变动规则不相符，应适用物权法的有关规定。《最高人民法院关于人民法院办理执行异议和复议案件若干问题的规定》第二十八条、第二十九条系不动产买受人物权期待权的规定，并非不动产权属规定。

商品房买受人债权的性质。《最高人民法院关于建设工程价款优先受偿权问题的批复》（法释［2002］16号）规定，消费者交付购买商品房的全部或者大部分款项后，承包人就该商品房享有的工程价款优先受偿权不得对抗买受人。据此，消费性买受人债权具有优先性，优先于建设工程价款优先权。审判实践中，应当从严把握优先清偿的债权范围，准确区分消费者与非消费者，依法审慎划定消费者标准，合理确定优先权效力范围，实现消费性买受人与其他债权人利益的妥善平衡。值得注意的是，《最高人民法院关于人民法院办理执行异议和复议案件若干问题的规定》第二十九条规定，金钱债权执行中，买受人对登记在被执行的房地产开发企业名下的商品房提出异议，符合下列情形且其权利能够排除执行的，应予支持：一是在查封之前已签订合法有效的书面买卖合同；二是所购商品房系用于居住且买受人名下无其他用于居住的房屋；三是已支付的价款超过合同约定总价款的百分之五十。该规定赋予特定情形下商品房买受人物权期待权，可以排除司法执行，在确定消费性买受人标准中可资参照。

3.建设工程价款优先权。对于债权人提出的建设工程价款优先权主张，应当依照合同法第二百八十六条和《最高人民法院关于建设工程价款优先受偿权问题的批复》（法释［2002］16号）的规定进行审查。

江苏省高级人民法院关于规范执行案件移送破产的若干规定（2018）

第二十一条（特殊财产先行处置）执行部门在移送执行转破产案件之前，对难以处置的财产，如司法网拍流拍的财产、集体土地上违法建造的厂房、小产权房等先行处置，并将拍卖所得款项交付给受理破产案件的法院或管理人。

江苏省高级人民法院、国家税务总局江苏省税务局关于做好企业破产处置涉税事项办理优化营商环境的实施意见

五、落实税收优惠

1. 房产税、城镇土地使用税处理。依法进入破产程序的企业资产不足清偿全部或者到期债务，其房产土地闲置不用的，可以在人民法院裁定受理破产申请后，按现行规定向主管税务机关提交房产税和城镇土地使用税困难减免申请。

常州市人民政府办公室关于建立企业破产处置协调联动机制的通知

二、主要工作

4. 处置破产企业土地使用权及地上建筑物。研究运用城镇低效用地再开发等政策解决土地使用权处置难题。依法处置由政府收回的破产企业土地使用权。涉及国有土地上房屋征收的，应当严格按照法律法规规定的条件、程序、补偿标准等执行。对于破产企业建造并占有的违法建筑，规划、建设、房产等部门应会同法院以争取债权人利益最大化为原则，区别对待，个案处理。（责任单位：市自然资源和规划局、市住建局，各辖市、区政府及常州经开区管委会）

常熟市人民政府办公室关于建立常熟市企业破产处置协调联动机制的意见

二、主要工作

（二）依法加强破产企业资产处置。协调有关单位在人民法院受理

企业破产申请后及时解除针对破产企业财产采取的强制措施，依法将财产移交破产管理人接管，法律、行政法规另有规定的除外。对破产企业审批、登记手续不全的房地产项目和生产经营项目，协调相关部门依法依规补办相关手续，提升资产价值。对财产处置中涉及土地、房产处置、转让等，符合条件的，根据政策予以支持。对不动产拍卖、过户的转移登记、抵押权注销登记、政府回购等事项，根据相关法律文书依法办理。协调将破产财产处置、重整投资人招募纳入招商引资范围，给予政策支持。（责任部门：市公安局、市资源规划局、市生态环境局、市住建局、市商务局、市市场监管局，市税务局、常熟海关）

（三）加大对破产处置的税收支持。协调征税机关按税收征管法、企业破产法规定及时申报、受偿税收债权，协调督促管理人及时通知税务机关申报税收债权；对债权依法受偿后仍然欠缴的税款、滞纳金、罚款，依据相应法律文书依法予以核销。协调做好破产企业土地增值税政策适用和应纳税额计算。企业破产过程中产生的相关税费，协调将整个清算期作为独立的纳税年度计算破产企业清算所得，作为企业所得税征税依据，并依法依规研究缓减免政策。企业破产过程中产生的城镇土地使用税、房产税，协调按困难企业依法予以减免。破产企业债务重组如符合相关条件，适用特殊性税务处理。协调破产企业税务非正常户转正常户问题，重整过程中引入战略投资人需要办理税务变更或需要办理税务注销的破产企业，依据法院相关法律文书予以办理税务变更或税务注销手续。协调做好破产企业办结海关手续、海关保税物料处置问题等有关工作。重整计划执行完毕后，协调对企业纳税信用等级进行重新评定。（责任部门：市法院，市税务局、常熟海关）

（七）统筹处置房地产企业破产案件。对基本完工的房地产项目，由相关部门指导管理人按要求提交相应材料，办理相关手续。决定续建的工程项目，管理人提交续建方案后，及时办理相关手续；续建完工验收时，各部门根据职责加快验收；管理人需筹资续建的，协调国有资产管理公司或银行机构予以信贷支持；须由政府垫资的重大破产案件，由市企业破产处置协调联动联席会议商定，并按规定程序报批后实施。（责任部门：市法院，市公安局、市财政局、市资源规划局、市生态环境局、市住建局，市税务局、常熟银监组）

扬州市政府办公室关于建立扬州市企业破产处置协调联动机制的实施意见

（八）对破产企业财产处置中涉及土地、房产、排污权分割处置、转让，符合条件的，自然资源、生态环境、住建、税务等部门根据政策予以支持，凭法院生效裁判文书和协助执行通知书办理相关手续。（责任单位：市自然资源和规划局、市住建局，及其他成员单位）

用足用好低效用地再开发等政策，大力支持对破产企业国有建设用地使用权及地上建筑物等破产企业财产进行有效处置，相关部门要切实保障处置破产企业财产过程中的不动产查询、初始登记、变更登记顺利进行。（责任单位：市自然资源和规划局、市住建局、市国资委，及其他成员单位）

破产企业涉及的违规建筑房产由法院会同住建、自然资源等部门以争取破产企业财产价值最大化为原则，区别对待，个案处置。（责任单位：市自然资源和规划局、市住建局、中级人民法院，及其他成员单位）

破产案件涉及破产企业划拨用地上的建筑物处置的，原划拨土地使用权以有偿使用方式处置，报经有批准权的人民政府审批同意后，土地使用权及其地上建筑物一并转让给依法认定的承受方，承受方应及时申请办理不动产登记。（责任单位：市自然资源和规划局、市住建局，及其他成员单位）

破产企业财产处置后需要办理过户手续的，凭经人民法院认定的债权人会议通过的或人民法院裁定的破产财产变价方案等资料，由破产管理人与受让人共同提出申请，相关部门按照流程办理。并购交易中涉及破产企业房产过户的免于收取房产交易手续费，无需法院出具民事裁定书等诉讼文书。支持并做好对破产房地产企业在建工程的续建续售相关验收、审批工作。（责任单位：市自然资源和规划局、市住建局，及其他成员单位）

（十）将破产企业财产处置、破产企业资产重组列入招商引资、鼓励扩大投资的重要内容，积极制定并落实供地、税收、规费、审批等支持政策。（责任单位：市商务局、市工业和信息化局、市国资委，各县市区人民政府）

对于破产案件中有处置难度的房地产，三次流拍后鼓励国资公司依法依规收购。（责任单位：市国资委，各县市区人民政府）

广东

关于印发《广东省高级人民法院关于审理企业破产案件若干问题的指引》的通知

第四十一条【受理破产后民事案件的管辖】海事纠纷、专利纠纷、证券期货纠纷、申请撤销和不予执行仲裁裁决案件，破产受理法院不能行使管辖权的，报请上级人民法院指定管辖。职工债权确认纠纷、适用小额诉讼程序审理的案件、房地产企业破产中购房合同纠纷案件，可以在开庭前径行裁定交下级法院审理。

第一百一十二条【生存权的保护】破产案件受理前债务人出售商品房，符合下列条件且房屋具备过户条件的，买受人可以将剩余价款交付给管理人并要求管理人协助办理过户手续；破产程序终结前，房屋不具备过户条件的，买受人可以就变价款行使优先受偿权：

（一）破产案件受理之前已经签订合法有效的书面买卖合同，且合同签订时不动产未被采取保全措施的；

（二）所购商品房系用于居住且买受人名下无其他用于居住的房屋；

（三）已支付的价款超过合同约定的总价款的百分之五十。

企业破产涉税事项办理一本通

四、土地增值税方面

【享受主体】

企业在破产处置过程中，发生重组业务；在重组时以房地产作价入股进行投资的单位和个人，符合规定条件的，可享受土地增值税相关优惠政策。

【优惠内容】

1. 企业改制

非公司制企业整体改制为有限责任公司或者股份有限公司，有限责任公司（股份有限公司）整体改制为股份有限公司（有限责任公司），对改制前的企业将国有土地使用权、地上的建筑物及其附着物（以下称房地产）转移、变更到改制后的企业，暂不征土地增值税。

整体改制是指不改变原企业的投资主体，并承继原企业权利、义务的行为。

2. 企业合并

按照法律规定或者合同约定，两个或两个以上企业合并为一个企业，且原企业投资主体存续的，对原企业将房地产转移、变更到合并后的企业，暂不征土地增值税。

3. 企业分立

按照法律规定或者合同约定，企业分设为两个或两个以上与原企业投资主体相同的企业，对原企业将房地产转移、变更到分立后的企业，暂不征土地增值税。

4. 以房地产作价入股

单位、个人在改制重组时以房地产作价入股进行投资，对其将房地产转移、变更到被投资的企业，暂不征土地增值税。

【相关说明】

1. 上述改制重组有关土地增值税政策不适用于房地产转移任意一方为房地产开发企业的情形。

2. 不改变原企业投资主体、投资主体相同，是指企业改制重组前后出资人不发生变动，出资人的出资比例可以发生变动；投资主体存续，是指原企业出资人必须存在于改制重组后的企业，出资人的出资比例可以发生变动。

3. 执行期限为 2018 年 1 月 1 日至 2020 年 12 月 31 日。

【办理方式】

备案享受。

【政策依据】

《财政部 税务总局关于继续实施企业改制重组有关土地增值税政策的通知》(财税〔2018〕57 号)

深圳市中级人民法院关于执行移送破产案件管理人工作指引（试行）

第五十三条　破产财产系深圳市完全产权房，管理人可以通过深圳市房地产评估发展中心“房地产评估价格查询系统”进行市价查询，并将查询结果截屏存档。查询结果应作为首次拍卖的起拍价。

深圳市中级人民法院关于印发《破产案件债权审核认定指引》的通知

第六十三条　债权人申报建设工程价款优先受偿权、船舶优先权和航空器优先权的，应当在法律规定的期限内申报或者提交在法律规定的期限内主张的证据。债权人未在法律规定的期限内申报或者不能提交在法律规定的期限内主张证据的，作为普通债权审核认定。

第六十四条　建设工程价款优先受偿权的审核认定，按照《中华人民共和国合同法》第二百八十六条和《最高人民法院关于建设工程价款优先受偿权问题的批复》执行。消费者已支付商品房的全部或者大部分购买款项的，承包人就该商品房享有的工程价款优先受偿权不得对抗买受人。

建设工程价款优先受偿权的审核认定，应当参考相应建设工程的结算书。相应建设工程未结算的，可以暂缓认定，待结算完成后认定；无法结算的，管理人根据债权人和债务人提供的证据材料审核认定，必要时可以申请本院选定有资质的机构进行工程造价专项审计和鉴定。

第六十八条　抵押登记时土地上已有建筑物的，债权人仅办理了土地使用权抵押登记或者建筑物抵押登记，抵押权的范围包括地上建筑物和土地使用权，但土地和房产已分别办理了抵押登记的除外。

土地使用权抵押后，该土地上新增的建筑物不属于抵押财产。

河北

河北省企业破产管理人协会破产债权申报登记与审查工作指引（2019版）

第三十一条　【建设工程价款优先债权的审查】申报的债权为建设工程价款优先债权的，重点审查债权人主张建设工程款优先权的期限、范围。消费购房人已支付商品房的全部或者大部分购房款的，承包人就该商品房享有的工程价款优先权不得对抗消费购房人。

管理人应参考相应建设工程的结算书审查认定建设工程价款。相应建设工程未结算的，可以暂缓认定，待结算完成后认定；无法结算的，根据债权人和债务人提供的证据材料审查认定，必要时可以申请工程造价专项审计或鉴定。

河北省企业破产管理人协会财产调查与管理工作指引（2019版）

第三十条 【房屋、建筑物】调取房产信息，调查核实债务人名下房产坐落、结构、面积、使用期限、权利负担、查封、变更等信息。

河南

平顶山市中级人民法院房地产企业破产案件审理操作指引（试行）

为公平公正审理房地产企业破产案件，进一步规范房地产企业破产案件审理工作，根据《中华人民共和国企业破产法》（以下简称《企业破产法》）、《中华人民共和国民事诉讼法》等法律法规、司法解释，结合本院破产案件审理实践，制定本操作指引。

一、总则

第一条【总体要求】审理房地产企业破产案件必须以事实为依据，以法律为准绳，建立健全房地产企业破产审理工作机制，公平清理债权债务，保护债权人和债务人的合法权益，维护社会主义市场经济秩序。

第二条【适用范围】从事房地产开发、经营活动，并以营利为目的进行自主经营、独立核算的企业法人，不能清偿到期债务，并且资产不足以清偿全部债务或者明显缺乏清偿能力，进入破产程序的，适用本操作指引。

第三条【组织保障】审理房地产企业破产案件，应当组成合议庭。针对涉众涉稳型房地产企业破产，可结合案件实际情况成立由院领导担任组长的领导小组。

二、申请

第五条【申请破产】申请房地产企业破产的，申请人应当提交房地产企业不能清偿到期债务，并且资产不足以清偿全部债务或明显缺乏清偿能力的相关证据。

第六条【执行转破产程序的启动】执行部门在受理以房地产企业为被执行人的执行案件中，根据调查确定该企业总体资产与负债情况，作出被执行企业已符合破产受理条件的总体判断后，应及时向申请执行人或被执行人告知与释明，经申请执行人之一或被执行人同意后，按照法院执行移送破产程序操作指引，启动执行转破产的相关工作。

第七条【申请人应当明确所申请的具体破产程序】申请人向法院提出破产申请的，应当依据《企业破产法》第七条之规定，明确选择具体的破产程序。申请人同时提出重整、和解或清算申请的，经法院释明后，申请人不作变更的，裁定不予受理。

不同申请人同时提出有关房地产企业的重整、和解或者破产清算申请的，应当组织申请人或被申请人协商确定具体的破产程序。协商不成的，由法院视案件情况决定受理相应申请。

第八条【破产申请书】向法院提出破产申请，应当提交破产申请书。破产申请书应当载明下列事项：

（一）申请人、被申请人的基本情况，包括名称或姓名、住所地、法定代表人姓名及职务。申请人为债务人时，只需列出申请人的基本情况；

（二）申请目的，即申请重整、和解还是破产清算；

（三）申请的事实和理由，主要指债务人有《企业破产法》第二条规定的情形；

（四）法院认为应当载明的其他事项。

第九条【房地产企业自行申请破产时应当提交的材料】房地产企业申请破产，除应当提交破产申请书以外，还应当提交下列材料：

（一）企业主体资格证明，包括企业法人营业执照、组织机构代码证等；

（二）企业法定代表人或者主要负责人名单、联系方式，及董事、监事、高级管理人员和其他管理部门负责人名单、联系方式；

（三）财产状况说明，包括有形资产、无形资产、对外投资情况、资金账户情况、在建工程基本情况等；

（四）债务清册，列明债权人名称、住所、联系方式、债权数额、有无担保、债权形成时间和被催讨情况；

（五）债权清册，列明债务人名称、住所、联系方式、债务数额、有无担保、债务形成时间和催讨偿还情况；

（六）有关财务会计报告；

（七）企业涉及的诉讼、仲裁、执行情况；

（八）企业职工情况和安置预案，列明解除职工劳动关系后依法对职工的补偿方案；

（九）职工、高管人员工资的支付和社会保险费用、住房公积金的缴纳情况；

（十）企业申请重整的，应提交重整预案，重整预案应包括重整的必要性、可行性评估结论、具体重整预案；

（十一）企业申请和解的，应提交和解协议草案。

（十二）法院认为应当提交的其他材料。

第十条【债权人申请破产时应当提交的材料】债权人申请房地产企业破产，除应当提交破产申请书以外，还应当提交下列材料：

（一）债权人及债务人的主体资格证明；

（二）债权发生的事实及债权性质、数额、有无担保，并附证据；

（三）债务人不能清偿到期债务的证据；

（四）申请债务人重整的，应提交重整必要性和可行性方面的证据材料。

第十一条【执行转破产程序时应当提交的材料】执行部门启动执行转破产程序的，应当制作《执行案件转破产程序移交表》，并附下列材料：

（一）执行案件立案审查材料、生效法律文书；

（二）强制执行被执行企业财产的民事裁定书以及反映经强制执行后被执行企业无法清偿债务的相关材料；

（三）被执行企业涉执、涉诉案件清单，包括案号、当事人、标的额、受理费、执行费、联系方式等情况；

（四）执行部门已穷尽对被执行企业调查措施取得的相关材料，主要包括但不限于被执行企业的银行存款、房地产、车辆、股权登记查询资料、工商登记基本材料以及法院网络执行查控系统和“点对点”查控系统调取的信息及反馈结果；

（五）执行中对被执行企业已查封、扣押、冻结财产的清单，已掌握的会计账簿等材料以及已处置财产的情况，对已经作出评估、审计的附评估报告、审计报告；

（六）执行部门在执行程序中发现或掌握的被执行企业及其相关人员隐匿、转移财产等涉嫌逃废债行为的相关材料；

（七）当事人同意移送破产的谈话笔录、书面申请等；被执行企业不同意移送破产的，附相应不同意的材料及执行部门发送的要求被执行企业在宽限期内清偿债务等材料；

（八）其他有必要移送的材料。

第十二条【更正、补充材料】申请人向法院提出破产申请，应当按《企业破产法》及本操作指引的规定提交破产申请书和申请材料。申请人提交的材料不符合规定的，法院应当自收到破产申请之日起七日内告知申请人需要更正、补充的材料，并指定提交期限。

申请人更正、补充有关申请材料的时间，不计入《企业破产法》第十条规定的对破产申请的受理审查期限。

第十三条【独立法人单独破产原则及例外】房地产企业投资的全资公司、控股的公司等具有独立法人资格的关联企业不能清偿到期债务，具备破产原因的，应当分别提出破产申请。

关联企业不当利用关联关系，导致关联企业成员之间法人人格高度混同，损害债权人公平受偿利益的，关联企业成员、关联企业成员的债权人、关联企业成员的清算义务人、已经进入破产程序的关联企业成员的管理人，可以向法院提出对关联企业进行合并破产的申请。

三、审查及受理

第十四条【开通涉房破产申请绿色通道】对申请房地产企业破产的当事人，开通绿色通道，立案部门做好破产案件申请材料的形式审查工作，于两个工作日内将申请材料移交破产审理部门进行实质审查，符合破产申请条件的，破产审理部门应依法及时受理；不符合破产申请条件的，破产审理部门应在三个工作日内出具书面审查意见答复申请人。

第十七条【破产申请审查期间的证据保全措施】在法院审查破产申请期间，发现房地产企业财产、印章和账簿、文书等可能被隐匿、转移、处分或者销毁的，破产申请人可以向法院申请对房地产企业财产、印章和账簿、文书等采取保全措施，法院可以要求申请人提供相应担保。

第十八条【对破产申请的异议权】房地产企业对债权人提出的破产申请有异议的，可以自收到法院的通知之日起七日内，就法院对本案是否具有管辖权、申请人与被申请人的主体资格、申请人债权的真实性及合法性、以及房地产企业是否发生破产原因等向法院提出书面异议，并应当提交相关的证据材料。

法院认为有必要的，可以组织破产申请人、房地产企业等破产利害关系人对破产申请应否受理进行听证。与破产申请存在利害关系的人员可以申请参加，组织听证的时间不计入破产申请的受理审查期间。

第十九条【对房地产企业异议的处理】房地产企业对案件管辖权、申请人的主体资格或房地产企业是否符合破产条件提出异议，法院经审查异议成立的，裁定不予受理破产申请。

第二十条【听证会】涉及在本辖区范围内有重大影响的房地产企业

破产申请，法院可以组织申请人、债务人、主要债权人等利益相关方，通过召开听证会等形式听取意见，必要时邀请当地政府有关人员参加。听证会可以按照以下程序进行：

（一）破产申请人宣读破产申请书，陈述申请破产的事实和理由及相关证据；

（二）债务人的法定代表人或有关负责人简要陈述企业性质、注册情况、生产经营状况、资产及负债情况。债权人申请债务人破产的，债务人有权提出抗辩；

（三）对证据材料进行初步审查，对债务人的资产、负债、担保、财产抵押、资产变现、债务清偿、职工安置等情况进行调查；

（四）法院认为应当调查的其他事项。

第二十一条【裁定受理】裁定受理破产申请的，受理裁定自作出之日起生效。受理裁定应当自作出之日起五日内送达申请人和被申请人。

债权人提出申请的，房地产企业应当自裁定送达之日起十五日内，向法院提交财产状况说明、债务清册、债权清册、有关财务会计报告以及职工、高管人员工资的支付和社会保险费用、住房公积金的缴纳情况。

第二十二条【裁定不予受理】裁定不受理破产申请的，应当自裁定作出之日起五日内送达申请人和被申请人并说明理由。申请人对裁定不服的，可以自裁定送达之日起十日内向上一级法院提起上诉。

第二十三条【裁定驳回破产申请】受理破产申请后至破产宣告前，经审查发现房地产企业不符合《企业破产法》第二条规定情形的，可以裁定驳回申请。申请人对裁定不服的，可以自裁定送达之日起十日内向上一级法院提起上诉。

四、管理人

第二十四条【指定管理人】裁定受理破产申请的，应当同时指定管理人。对事实清楚、债权债务关系简单、债务人财产相对集中的房地产企业破产案件，以及已知的债务人财产可能不足以支付管理人报酬和管理人执行职务费用的房地产企业破产案件，可由法院提出对管理人的相关要求，由符合条件的在册管理人报名参加摇号，通过随机方式产生管理人。

对在当地有重大影响、法律关系复杂、债权人众多的房地产企业破产案件，通过竞争方式产生管理人。

第二十五条【管理人团队的要求】房地产企业破产案件应当由律师事务所、会计师事务所、破产清算事务所等社会中介机构担任管理人或联合管理人，管理人工作团队中应有在房地产经营、建设工程、投融资等相关领域具有专业知识和实务经验的专业律师，或聘用相关领域专家担任管理人顾问。

第二十六条【政府清算组为管理人的特别规定】对于在本地有重大影响、法律关系复杂、利益冲突严重、信访稳控局面严峻的房地产企业破产案件，当地政府对指定管理人有明确建议的，法院可以直接指定当地政府成立的清算组或工作专班为管理人，但清算组或工作专班中必须有具备管理人资质的社会中介机构参加，也可以指定当地政府成立的清算组或工作专班和通过竞争方式选定的社会中介机构组成联合管理人。

第二十七条【管理人内部管理制度】法院应当要求管理人及时拟定具体的管理工作规程、会议议事规程、财务收支管理制度、证照和印章管理制度、处理突发事件应急预案、档案管理制度、保密制度等内部管理制度，并报法院备案后执行。

第二十八条【法院指导监督管理人工作】法院应从以下几个方面指导监督管理人工作：

（一）要求管理人制定包括团队构成、工作进度、时间节点、工作路线、工作成果等内容的工作方案；

（二）建立周报制度，由管理人每周汇报工作进展；

（三）建立薪酬激励机制，将管理人履职情况，特别是协助法院实行破产案件简易审的工作业绩作为确定管理人报酬的重要依据；

（四）建立考评反馈机制，案件审理中根据各项工作开展情况予以考评，案件审结后出具管理人履职情况专题报告，报上级法院备案。

五、物权请求权的保护

第二十九条【被拆迁人的物权请求权】被拆迁人选择房屋产权调换方式进行安置补偿的，在破产案件受理后，被拆迁人的物权请求权应作为第一顺位优先保护：

（一）用于置换的房屋为现房的，可以根据被拆迁人的申请，将不动产所有权变更登记至被拆迁人名下；

（二）用于置换的房屋为期房的，被拆迁人可以继续获得该期房；

（三）如果拆迁人将该补偿安置房屋另行出卖给第三人，被拆迁人请求优先取得补偿安置房屋的，应予支持。

承包人就该商品房享有的工程价款优先受偿权不得对抗被拆迁人的房屋交付请求权；被拆迁人的房屋交付请求权优先于购房者。

第三十条【购房者的物权请求权】在破产案件受理后，已支付全部购房款的购房者要求交付房屋、办理权证的，承包人就该商品房享有的工程价款优先受偿权不得对抗买受人在房屋建成情况下的房屋交付请求权。

仅支付部分购房款的购房者要求交付房屋、办理权证的，在付清余款后，承包人就该商品房享有的工程价款优先受偿权不得对抗买受人在房屋建成情况下的房屋交付请求权。

六、债权申报及审查确认

第三十一条【债权申报期限和补充申报】债权人应当在法院受理破产申请通知书和公告中确定的债权申报期限内向管理人申报债权。

在法院确定的债权申报期限内，债权人未申报债权的，可以在破产财产最后分配前、或重整计划草案提交债权人会议表决之前补充申报。但此前已进行的分配不再对其补充分配。为审查和确认补充申报债权的费用，由补充申报人承担。

债权人未依照《企业破产法》规定申报债权的，不得依照《企业破产法》规定的程序行使权利。

第三十二条【职工债权】《企业破产法》第一百一十三条第一款第（一）项规定的职工债权，不必申报。管理人应当在第一次债权人会议召开前十五日内完成调查并列出详情清单进行公示。

职工对清单记载有异议的（包括对是否具有职工身份、债权数额、债权性质等有异议），应当在公示后十五日内申请管理人更正，管理人不予更正的，应当作出不予更正决定，并说明理由。异议职工不服该决定的，可在收到该决定之日起十五日内以债务人为被告直接向受理破产申请的法院提起诉讼，请求确认债权。逾期不提起诉讼的，视为同意。

债务人所欠职工的住房公积金、住房补贴，属于《企业破产法》第一百一十三条第一款第（一）项规定的职工债权。

第三十三条【税收、社会保险等债权】税收、社会保险费、住房公积金债权，由有关征管机关向管理人申报。

第三十四条【因违约产生的债权】债权人或管理人解除购房合同产生的违约金、损害赔偿金、逾期利息损失、房屋差价款、房屋装修损失等，或者债权人要求交付房屋、办理权证而产生的逾期交付房屋、办理权证的违约责任请求均按无财产担保债权认定。

第三十五条【实际施工人债权】实际施工人的债权，原则上应由与房地产企业建立建设工程施工合同关系的承包人进行申报。实际施工人与房地产企业建立建设工程承包合同关系的承包人之间的合同关系是否具有法律效力，不影响债权的审核，但工程质量不符合约定的除外。

第三十六条【拆迁安置户债权处理方式】被拆迁人选择房屋产权调换方式进行安置补偿的，被拆迁人的债权应作为第一顺位优先受偿，按以下方式处理：

（1）用于置换的房屋为期房的，被拆迁人可以就相应期房变价所得优先受偿；

（2）被拆迁人根据所签协议在房屋拆迁期间应得的拆迁安置费应优先受偿。

第三十七条【购房者债权处理方式】在建房地产项目决定复工续建的，消费购房者债权按以下方式处理：

在破产案件受理前，已支付全部或者大部分购房款的购房者已经解除购房合同，要求返还购房款的，承包人就该商品房享有的工程价款优先受偿权不得对抗买受人的购房款返还请求权；

管理人对债权人选择付清余款可能承担的相关法律风险应予以解释并做好记录。

第三十八条【购房者债权的审查】债权人以购房者名义申报债权，经审核为虚假按揭、以房抵债、设定让与担保等情形的，管理人应按基础法律关系的性质认定债权。

第三十九条【债权申报的审查】管理人应当制定债权审查制度规则，做好债权实质审查工作，确定债权的性质、数额、担保财产、是否超过诉讼时效、是否超过申请执行时效等情况。

第四十条【编制债权表】管理人应当根据审查情况，区分确认债权、待确认债权和不予确认债权，分别编制详细的债权表。应予确认债权的债权表，应当按照债权的清偿顺序、债权性质进行分类登记。

债权表、债权申报登记册和债权申报材料在破产程序终结前由管理人保管，供债权人、债务人、债务人职工及其他利害关系人查阅。

第四十一条【债权核查的时间】管理人编制的债权表应当提交第一次债权人会议核查。因特殊原因无法在第一次债权人会议上核查的，可以在以后的债权人会议核查。

第四十二条【无异议债权】债务人、债权人均对债权表记载的债权无异议的，由法院根据管理人的申请裁定确认。

债务人是否有异议的意思表示，由债务人的法定代表人或委托代理人作出。债务人的法定代表人未参加债权人会议，亦未委托代理人参加债权人会议的，视为债务人无异议。

债权人未参加亦未委托代理人参加债权人会议的，视为该债权人对债权表记载的本人的债权以及其他债权人的债权无异议。

第四十三条【有异议债权的处理】债务人、债权人对债权表记载的债权有异议的，可以在债权人会议核查债权后15天内向管理人申请复核或向法院提起诉讼，15天内未向管理人申请复核也未向法院提起诉讼的，视为无异议。对管理人复核仍有异议的，可以在管理人告知的期限内向法院提起诉讼，逾期不提起诉讼的视为债权确定。

七、债权人会议

第四十四条【债权人会议召开方式】法院应积极倡导采取网络、书面等非现场方式召开债权人会议。

第四十五条【会务安排】债权人会议召开前，应当根据实际情况拟订会务预案，会务预案包括并不限于会议形式、通知发送时间与方式、会场选址与布置、物资配备、人员配备、文件准备、咨询与查询安排、费用预算等。

第四十六条【维稳保障】召开规模较大或者可能存在维稳因素的债权人会议，应制定维稳保障方案，对需要当地政府配合的工作，形成书面材料及时向政法委汇报，并根据政法委的协调结果联合公安、卫生、电力等部门做好债权人会议的安全、医疗和供电保障等事项。

第四十七条【第一次债权人会议议程】第一次债权人会议一般包括如下议题议程，可以根据实际情况进行调整：

（一）宣布会议纪律要求、债权人的到会情况；

（二）介绍破产申请受理及指定管理人的情况，告知合议庭组成人员和书记员；

（三）指定债权人会议主席；宣布债权人会议主席的职责；

（四）宣布债权人会议职权；

（五）管理人作执行职务报告和债务人财产状况报告；

（六）核查债权；

（七）以表决方式决定是否设置债权人委员会，通过对债权人委员会职权的授权范围和债权人委员会议事规则，选举债权人委员会成员；

（八）以表决方式决定继续或者停止债务人的营业；

（九）通过债务人财产管理方案、管理人报酬方案及中介机构费用方案等；

（十）管理人、债务人的法定代表人等接受债权人的询问。

八、重整

第四十八条【鼓励重整原则】本院鼓励、支持、引导对具有挽救价值与重整可能的债务人进行重整或者预重整。

第四十九条【预重整】受理重整申请前，对于具有重整原因的债务人，为识别其重整价值及重整可行性，提高重整成功率，经债务人同意，法院可以决定对债务人进行预重整，债务人应当在预重整期间制作重整方案，并征集利害关系人意见。

第五十条【预重整与重整程序的衔接】预重整工作完成，债务人企业应当提交预重整工作报告。预重整工作报告一般包括下列内容：

（一）债务人的基本情况；

（二）债务人出现经营或财务困境的原因；

（三）债务人的资产、负债状况；

（四）债务人的生产经营状况；

（五）债务人重整价值的分析意见；

（六）债务人重整可行性的分析意见；

（七）是否形成重整方案以及重整方案的协商情况；

（八）进行重整的潜在风险及相关建议。

债务人企业提交预重整工作报告后，法院可以依法启动破产审查程序。

第五十一条【重整申请主体】债务人或者债权人可以依据《企业破产法》的相关规定，直接向法院申请对债务人进行重整；

债权人申请对债务人进行破产清算，在法院受理该申请后、宣告债务人破产前，债务人以及单独或者合计出资额占债务人注册资本十分之一以上的出资人，可以向法院申请重整。

第五十二条【重整申请材料】法院在受理债权人提出的破产申请后，宣告债务人破产前，出资额占债务人注册资本十分之一以上的出资人向法院申请对债务人重整时，应当提交以下证据材料：

（一）重整申请书。重整申请书应列明如下内容：出资人的基本情况、申请请求、申请的事实和理由；

（二）出资人的出资证明和主体资格证明文件；

（三）债务人有挽救希望与价值的证据材料；

（四）债务人重整的可行性分析或债务人的重整经营方案、资金筹集方案、资产与业务整顿方案及与债务人重整有关的其他方案；

（五）对债务人重整须经有关行政机关审查同意的，应当提交有关行政机关同意对债务人重整的文件；

（六）法院认为应当提交的其他材料。

第五十三条【重整申请的实质审查】对重整申请进行实质审查时，可以要求债权人、债务人、出资人提交相关文件并接受询问，同时，可以征询银行等金融机构或维稳办、工商部门、税务部门等有关机关的意见。

第五十四条【裁定不予受理】经实质审查，法院认为申请人的重整申请具有下列情形之一的，应裁定不予受理：

（一）申请人不具有重整申请权或该申请未经有关机关同意或批准；

（二）债务人缺乏《企业破产法》第二条规定的重整原因；

（三）债务人下落不明或其财务账册、原始凭证严重缺失，难以查明债务人财产状况，无法判断债务人是否具备重整原因；

（四）债务人无重整希望或无经营价值，如债务人无重整意愿或不遵从重整程序、债务人不具有继续经营的条件、债务人难以通过重整偿还债务、关于债务人重整的可行性分析不符合实际、重整参与各方不具有重整能力、债务人重整没有社会价值和经济效益等；

（五）申请人的重整申请违背诚实信用原则，如债权人与债务人恶意串通，虚构债权债务事实，意图借重整申请帮助债务人逃避债务；债权人意图损害公平竞争，借重整申请毁损债务人商业信誉；债务人有隐匿、转移财产等行为，为了逃避债务而自行申请重整；债务人提交的财产状况说明与查实情况严重不符或巨额财产下落不明且不能合理解释财产去向等；

（六）法院认为应不予受理的其他情形。

第五十五条【财产管理和营业事务】重整期间，管理债务人财产和营业实务既可以由管理人负责，也可以经法院批准，由债务人在管理人监督下自行负责。

第五十六条【债务人自行管理的条件】重整期间，债务人同时符合下列条件的，经申请，法院可以批准债务人在管理人的监督下自行管理财产和营业事务：

（一）债务人的内部治理机制仍正常运转；

（二）债务人自行管理有利于债务人继续经营；

（三）债务人不存在隐匿、转移财产的行为；

（四）债务人不存在其他严重损害债权人利益的行为。

债务人提出重整申请时可以一并提出自行管理的申请。经法院批准由债务人自行管理财产和营业事务的，企业破产法规定的职权中有关财产管理和营业经营的职权应当由债务人行使。

管理人应当对债务人的自行管理行为进行监督。管理人发现债务人存在严重损害债权人利益的行为或者有其他不适宜自行管理情形的，可以申请法院作出终止债务人自行管理的决定。法院决定终止的，应当通知管理人接管债务人财产和营业事务。债务人有上述行为而管理人未申请法院作出终止决定的，债权人等利害关系人可以向法院提出申请。

第五十七条【重整计划草案的提出主体】债务人自行管理财产和营业事务的，由债务人制作重整计划草案；管理人负责管理财产和营业事务的，由管理人制作重整计划草案；债权人、债务人出资人、新出资人等利害关系人均可就重整计划草案向债务人或管理人提出建议。

第五十八条【重整程序转为破产清算】在重整期间，有下列情形之一的，经管理人或者利害关系人请求，法院应当裁定终止重整程序，并宣告债务人破产：

（一）债务人的经营状况和财产状况继续恶化，缺乏挽救的可能性；

（二）债务人有欺诈、恶意减少债务人财产或者其他显著不利于债权人的行为；

（三）由于债务人的行为致使管理人无法执行职务。

第五十九条【终止重整计划执行】债务人不能执行或者不执行重整计划的，法院经管理人或者利害关系人请求，应当裁定终止重整计划的执行，并宣告债务人破产。

自法院作出上述裁定之日起，债权人在重整计划中作出的债权调整的承诺失去效力。债权人因执行重整计划所受的清偿仍然有效，债权未受清偿的部分作为破产清算程序中的破产债权，在其他同顺位债权人同自己所受的清偿达到同一比例时，才能继续接受分配。

九、房地产项目续建

第六十条【复工续建】管理人对是否进行工程后续建设可以聘请专

业机构进行商业评估，也可以采纳重整投资人等第三方聘请的专业机构所做的商业评估，根据项目实际情况提出是否进行后续建设、如何进行后续建设的建议，由债权人会议表决通过。

工程后续建设原则上应由原施工单位、监理单位等完成。需要更换施工单位、监理单位的，原则上应重新进行招标投标程序，但经债权人会议或由债权人会议授权的债权人委员会表决通过，管理人可不通过招标投标程序与具有资质的单位签订后续建设施工相关的合同。

第六十一条【工程续建的融资】后续建设可通过债权人出资、第三方平台融资等方式筹集资金，具体方案需经债权人会议或由债权人会议授权的债权人委员会表决通过。由管理人负责工程续建融资的具体使用，法院、管理人、债权人会议或由债权人会议授权的债权人委员会、投资人对融资的使用有权进行监督。因工程续建支付的工程款等费用，可作为共益债务。

第六十二条【排除后续施工的妨碍】因原施工单位或者其他第三人原因，导致后续施工无法正常进行的，管理人应当会同有关部门及时排除妨碍。

若原施工单位拒不向管理人交付必要的施工资料，妨碍后续施工、验收、办理权证等，法院可以出具协助执行通知，要求交付，拒不交付的，可以依法采取强制措施。

第六十三条【行政审批配合】决定续建的工程项目，管理人提交续建方案后，应及时与国土、规划等部门进行对接，获得相关土地、规划许可；对基本完工的房地产项目，管理人应及时向国土、建设、规划、消防、环保、人防等部门提交相应材料，尽快办妥相关手续。

十、国有土地上的非商品房项目

第六十四条【国有土地上非商品房项目的定义】国有土地上非商品房项目是指债务人在非商品房开发建设用地上，将原规划的土地和房屋用途建设成住宅、商铺或写字楼等房产，并进行对外出售、分割转让、出租等的房地产项目。

第六十五条【债权申报登记】对债权人主张以买卖、租赁或是其他形式实现非商品房分割转让的，告知其以实际出资款项金额作为债权本金申报债权。

第六十六条【业主债权审核】业主已支付购买房屋的全部或大部分款项，在申报债权时主张优先权的，管理人应当严格审查房屋性质、土地使用权性质、款项交付的形式、相关合同的性质及效力等，综合判断债权人是否享有优先权。

十一、破产清算

第六十七条【宣告破产的时间】第一次债权人会议召开之后，无人提出重整或和解申请，房地产企业符合《企业破产法》规定的宣告破产条件的，管理人应当申请法院裁定宣告房地产企业破产。管理人未申请的，法院可依职权宣告破产。

破产申请受理后，房地产企业财产不足以清偿破产费用，且无人代为清偿或予以垫付的，经管理人申请，法院裁定宣告房地产企业破产，并终结破产程序。宣告房地产企业破产的时间不受前款规定限制。

第六十八条【宣告破产前裁定终结破产程序的情形】宣告破产前，有下列情形之一的，法院应当裁定终结破产程序，并公告：

（一）第三人为房地产企业的全部债务提供足额担保，包括到期债务，以及因破产受理而视为到期的未到期债务，且为债权人所接受；

（二）第三人为房地产企业清偿全部债务，包括到期债务，以及因破产受理而视为到期的未到期债务；

（三）房地产企业已清偿全部债务，包括到期债务，以及因破产受理而视为到期的未到期债务。

第六十九条【优先受偿权的行使】在法院对房地产企业裁定宣告破

产后，对房地产企业特定财产享有担保权的债权人可以就该特定财产行使优先受偿权，但法律另有规定的除外。

对房地产企业特定财产享有担保权的债权人行使优先受偿权未能完全受偿的，其未受偿的债权作为普通债权；放弃优先受偿权利的，其债权作为普通债权。

第七十条【消费购房者优先权】消费者交付购买商品房的全部或者大部分款项（50%以上）后，承包人就该商品房享有的工程价款优先受偿权既不得对抗买受人在房屋建成情况下的房屋交付请求权，也不得对抗买受人在房屋未建成情况下的购房款返还请求权。

第七十一条【消费购房者优先权的范围】消费购房者的优先权，限于破产受理时房地产破产企业的全部资产，并以消费者已支付的购房款为限。

第七十二条【建设工程价款优先受偿权】债务人为建设工程发包人时，就该建设工程折价或者拍卖的价款，承包人的建设工程价款债权优先于抵押权受偿。

建设工程承包人行使优先权的期限为六个月，破产案件受理时建设工程尚未竣工的，自破产受理之日起计算。

第七十三条【国家对划拨土地使用权出让金的优先受偿权】以划拨方式取得的国有土地使用权及其地上建筑物设定抵押的，就该抵押的国有土地使用权折价或者拍卖的价款，应优先缴纳国家收取的土地使用权出让金。

第七十四条【拍卖变现及其例外情形】破产财产的变现应当以网络司法拍卖方式为原则，但拍卖所得预计不足以支付评估、拍卖费用，债权人会议或由债权人会议授权的债权人委员会另有决议的除外。

依前款不进行拍卖或者拍卖不成的破产财产，可以作价变卖，或者进行实物分配。变卖或者实物分配方案应当提交债权人会议或由债权人会议授权的债权人委员会表决。

第七十五条【有优先购买权的拍卖】拍卖的破产财产上存在优先购买权的，拍卖过程中，有最高应价时，优先购买权人可以表示以该最高价买受，如无更高应价，则拍归优先购买权人；如有更高应价，而优先购买权人不作表示的，则拍归该应价最高的竞买人。

顺序相同的多个优先购买权人同时表示买受的，以抽签方式决定买受人。

第七十六条【优先选择网络司法拍卖】管理人应对破产财产处置方案中对标的物是否适合通过网络司法拍卖平台进行处置作出判断，并对债权人会议和担保债权人作出释明，引导债权人会议和担保债权人优先选择通过网络司法拍卖平台处置破产财产。

债权人会议应就企业全部或部分破产财产是否通过网络司法拍卖平台进行处置作出决议。

第七十七条【房地产开发项目拍卖相关问题】土地使用权已支付了出让金，尚未取得产权证书的，在补办产权证书过程中产生的费用，作为共益债务。

政府相关管理部门的批准文件包括建设用地规划许可证、建设工程规划许可证、建筑工程施工许可证（或开工证）、预售许可证等，管理人应及时予以补办。

在建工程有预售合同及购房合同，管理人决定继续履行的，应当在拍卖文件中予以明确，并协助购房者与建设工程项目买受人做好衔接。

第七十八条【破产财产变价方案】管理人应当及时拟订破产财产变价方案，提交债权人会议讨论，并按照通过的方案适时变价出售破产财产。

破产财产变价方案一般应包括以下内容：

（一）拟变价的破产财产范围、形态、类别；

（二）拟变价的财产评估情况；

（三）各类财产的变价方式；

（四）财产变价的时间与进度安排；

（五）财产变价的预计费用；

（六）委托评估、拍卖机构的情况。

第七十九条【分配方式】房地产企业破产财产的分配，原则上以货币分配方式进行。在管理人充分分析和释明风险的前提下，经债权人会议决议通过，可以对破产财产（含可售房源）进行实物分配。

第八十条【破产财产分配方案】管理人应当及时拟订破产财产分配方案，提交债权人会议讨论通过后，管理人提请法院裁定认可。破产财产分配方案应当载明下列事项：

（1）参加分配的债权人的名称或者姓名、住所；

（2）参加分配的债权额；

（3）可供分配的破产财产数额；

（4）破产财产分配的顺序、比例及数额；

（5）实施破产财产分配的方法。

第八十一条【法定清偿顺序】依照《企业破产法》第一百一十三条之规定，破产财产在优先清偿破产费用和共益债务后，按照法定顺序进行清偿，破产财产不足以清偿同一顺序的清偿要求的，按照比例分配。

第八十二条【附条件债权的分配】对于附生效条件或者解除条件的债权，管理人应当将其分配额提存。

在最后分配公告日，生效条件未成就或者解除条件成就的，应当将提存的分配额分配给其他债权人；在最后分配公告日，生效条件成就或者解除条件未成就的，应当将提存的分配额交付给债权人。

第八十三条【破产分配的受领】债权人未受领的破产财产分配额，管理人应当提存。债权人自最后分配公告日起满二个月仍不领取的，视为放弃受领分配的权利，管理人或者法院应当将提存的分配额分配给其他债权人。

第八十四条【诉讼未决债权的分配】破产财产分配时，对于诉讼或者仲裁未决的债权，管理人应当将其分配额提存。自破产程序终结之日起满二年仍不能受领的，法院应当将提存的分配额分配给其他债权人。

十二、府院联动

第八十五条【合作和协调机制】房地产企业破产案件的审理工作应当坚持公平与效率的统一，努力提高审判效率，强化府院联动机制、探索多平台合作机制。建立法院、政府职能部门、管理人、债权人会议（债权人委员会）对接和协调机制，及时处置各类风险，依法审理房地产企业破产案件。

第八十六条【问题楼盘化解】通过破产程序化解的疑难复杂问题楼盘在市问题楼盘领导机构领导下进行，人民法院、管理人要与政府有关部门有机结合，配合落实各县（市、区）政府制定的化解方案，形成政府主导、法院审理、部门联动的工作机制。

第八十七条【通报、上报机制】受理房地产企业破产可能引发重大社会不稳定因素的，应当通过府院联动机制及时向当地党委汇报，争取政府支持，并报上级法院。

第八十九条【制定维稳预案】对可能引发不稳定因素的房地产企业破产案件，全面审查该破产企业的涉诉、涉执、涉稳情况，主动与政府相关部门、破产企业属地政府沟通联系，提前做好维稳预案，及时沟通相关信息，搭建沟通交流、协调处理的平台，防止群体性事件的发生。

十三、附则

第九十条【条文适用】房地产企业破产程序中涉及的受理审查、管理人指定、破产费用、债权申报与确认、债权人会议召开、房地产企业财产清收、破产撤销、破产抵销等问题，本操作指引未规定的，适用《企业破产法》及相关法律法规、司法解释、指导性文件的规定。本操作指引与上级法院的相关规定不一致的，以上级法院相关规定为准。

第九十一条【参照适用】其他破产案件参照适用本操作指引。

第九十二条【解释】本指引由本院审判委员会负责解释。

第九十三条【施行日期】本指引自发布之日起施行。

云南

昆明市中级人民法院关于规范全市法院房地产企业破产案件审理相关问题的指引（试行）

在当前供给侧结构性改革及依法处置清理“僵尸企业”的政策背景下，依法开展破产案件审理、积极稳妥推进破产企业救治和清算工作，是落实供给侧结构性改革举措、提升市场主体竞争力及调整产业结构实现转型升级的客观要求，是进一步营造稳定公平透明的营商环境的重要保障，也是不断完善社会主义市场主体救治和退出机制的重要手段。近年来，昆明市两级法院认真贯彻中央及地方党委、政府关于深入推进供给侧结构性改革的决策部署，积极落实最高人民法院《关于依法开展破产案件审理积极稳妥推进破产企业救济和清算工作的通知》《关于执行案件移送破产审查若干问题的指导意见》《全国法院破产审判工作会议纪要》等文件精神以及省法院关于破产工作的具体要求，审判实践中不断加强破产审判工作的制度化、专业化、信息化建设，妥善处理了一批法律关系复杂、社会影响较大的案件，破产审判相关工作取得了一定进展。随着破产审判工作的深入推进，法院也必将面临着一些特殊行业主体诸如房地产企业主体破产的问题，房地产企业破产涉及到竞合于同一标的物即商品房上的多重复合的物权、合同、担保等法律关系，该类型案件的审理较之普通破产案件更具特殊性、复杂性，为妥善审理房地产企业破产案件，根据《中华人民共和国企业破产法》《中华人民共和国合同法》《中华人民共和国物权法》《中华人民共和国民事诉讼法》等法律法规、司法解释的规定，并结合本院破产审判实践经验，提出如下意见，供审判实践参考。

一、审判工作原则

1. 审理房地产企业破产案件，必须以事实为依据，以法律为准绳，建立健全房地产企业破产审理工作机制，公平清理债权债务，保护债权人和债务人的合法权益，维护社会主义市场经济秩序。

2. 审理房地产企业破产案件，应当建立府院联动常态化机制，受理前应当积极争取属地党委政府的支持，加强向地方党委的请示汇报力度及向地方政府的沟通协调力度。审理中应积极协调属地政府在资产处置、税收减免等方面应加大政策扶持力度，妥善解决社会民生问题。

3. 审理房地产企业破产案件，应当追求利益主体的共赢、价值与效率的共进。在尊重申请人意愿的基础上，坚持重整程序优先适用的原则，对具备重整条件的债务人企业慎用破产清算程序，但对明显不具备重整可行性、重整参与各方不具有重整能力、债务人重整没有社会价值和经济效益的应当不予支持。

4. 审理房地产企业破产案件，应当坚持破产法优先适用的原则，妥善解决其他部门法及相关司法解释与《中华人民共和国企业破产法》相关规范之间存在的矛盾冲突。《中华人民共和国企业破产法》及相关司法解释没有明确规定的，其他部门法中已确立的权利优劣规则适用于破产程序。区分债务人有清偿能力常态下及丧失清偿能力状态下发生的一般性法律问题与特别性法律问题的处置思路，寻求社会正义、实质公平。

二、破产申请问题

5. 直接向法院申请房地产企业破产的，申请人应当提交房地产企业不能清偿到期债务，并且资产不足以清偿全部债务或明显缺乏清偿能力的相关证据。通过执转破方式移送破产审查的，依照最高人民法院《关于执行案件移送破产审查若干问题的指导意见》、云南省高级人民法院《关于规范执行案件移送破产审查工作的意见》及本院《关于执行案件移送破产审查的规定（试行）》办理，上述文件对同一问题作出不同规定的，适用上级法院的规定。

6. 申请人向法院提出破产申请的，以及通过执转破方式移送破产审查的，应当依据《中华人民共和国企业破产法》第七条之规定，明确选择具体的破产程序。同一申请人同时要求进行重整、和解或清算的，经法院释明后，申请人不作变更的，应当裁定不予受理或决定不予移送。

7. 不同的申请人向同一法院同时提出有关房地产企业进入重整、和解或者破产清算程序的，应当组织申请人或被申请人协商选择具体的破产程序。协商不成的，应当视案件情况决定受理相应申请。

8. 不同申请人同时通过直接申请方式及执转破方式申请有关房地产企业破产，以及同时提出适用不同破产程序，导致出现管辖权冲突及程序适用冲突问题的，应当由上级法院组织申请人或被申请人协商确定具体的破产程序以及管辖法院。协商不成的，由上级法院视案件情况决定管辖法院及适用程序。

9. 房地产企业投资的全资公司、控股的公司等具有独立法人资格的关联企业不能清偿到期债务，原则上应当分别提出破产申请。关联企业不当利用关联关系，导致关联企业成员之间法人人格高度混同，损害债权人公平受偿利益的，关联企业成员、关联企业成员的债权人、关联企业成员的清算义务人、已经进入破产程序的关联企业成员的管理人，可以向法院提出对关联企业进行合并破产的申请。

三、立案审查及受理问题

10. 申请人提交的材料不符合规定的，法院应当自收到破产申请之日起七日内告知申请人需要更正、补充的材料，并指定提交期限。申请人更正、补充有关申请材料的时间，不计入受理审查期间。

11. 审理房地产企业破产案件，应当选任业务素质比较好、沟通协调能力强的审判员组成合议庭进行立案审查及审理工作。针对涉众涉维稳类型的案件，可结合案件实际情况成立由院领导担任组长的领导小组统筹协调。

12. 破产立案审查环节，法院应当组织召开听证会，并通知申请人、被申请人及利害关系人到场陈述意见，必要时可以邀请当地政府有关人员参加，组织听证的时间不计入破产申请的受理审查期间。听证程序可以参照下列程序进行：

（1）破产申请人宣读破产申请书，陈述申请破产的事实和理由及相关证据；

（2）债务人的法定代表人或有关负责人简要陈述企业性质、注册情况、生产经营状况、资产及负债情况。债权人申请债务人破产的，债务人有权提出抗辩；

（3）对证据材料进行初步审查，对债务人的资产、负债、担保、财产抵押、资产变现、债务清偿、职工安置等情况进行调查；

（4）债权人申请债务人破产，法院应当通知债务人核对以下情况：债权的真实性、债务人是否存在不能清偿到期债务的情况；

（5）法院认为应当调查的其他事项。

13. 债权人申请房地产企业重整的，应当提交初步拟定的重整思路及方案，或法院组织听证会时由申请人、被申请人自行对重整进行协商，债权人不提交重整思路及方案或是经协商后债务人无重整意愿的，或是债权人虽提交了重整思路及方案以及经协商债务人愿意进行重整，但重整的可行性分析不符合实际、重整参与各方不具有重整能力、债务人重整没有社会价值和经济效益的，应当裁定不予受理。债务人对案件管辖权、申请人的主体资格或房地产企业是否符合破产条件提出异议，法院经审查异议成立的，裁定不予受理。

14. 受案法院决定受理房地产企业破产案件的，应当在出具受理裁定前将案件情况向上级法院报备，并将案件相关情况及时向地方党委、政府汇报。对可能引发不稳定因素的房地产企业破产案件，应全面审查该破产企业的涉诉、涉执、涉稳情况，并主动与地方政府相关部门、破产企业属地派出所、街道办联系，坚持“信息公开、依法处置”工作准则，提前做好维稳预案，及时沟通相关信息，搭建沟通交流、协调处理的平台，防止群体性事件的发生。

15. 裁定受理房地产企业破产申请的，应当同时指定管理人。房地产企业破产的，法院应当建议地方政府从监管层面成立破产企业清算组进行前期清理，法院应当就管理人选任问题与地方政府协商，以保障程序推进效率及妥善解决现实问题为原则，决定采取指定清算组为管理人或指定第三方中介机构为管理人的方式。指定第三方中介机构为管理人的，应当通过竞争性方式选任，管理人的履职能力应当与案件难易程度相匹配。

四、债务人财产界定问题

16. 房地产企业破产案件，除《中华人民共和国企业破产法》及相关司法解释明确规定属于债务人的财产外，下列财产也应列入债务人财产：

（1）债务人提供的抵押物、质押物等设定了担保物权的财产，调换给被拆迁人和被征收安置人但尚未办理产权登记过户手续的房屋，购房者交付了部分或全部购房款甚至已经实际占有使用，但尚未办理产权登记的房屋、土地使用权；

（2）房地产开发企业与他人合作、合资建房，依据合作、合资协议债务人应当分得的土地使用权、房屋产权份额；

（3）虽然未支付或未完全支付对价，但已经依法取得所有权的建筑材料、车辆、机械设备等财产；

（4）房地产企业享有的已被采取民事诉讼执行措施但在受理破产案件时未被执行或未被执行完毕的财产；

（5）其他依法应当归属于房地产企业的财产。

管理人在接管企业后，法院应当依法监督管理人完成债务人企业的清产核资工作，全面梳理债务人企业资产。因管理人行使破产撤销权、决定继续履行合同或基于其他法律关系导致债务人企业资产变动的，依照相关法律规定处理。

五、在建工程的复工续建问题

17.房地产企业涉及未完工在建工程项目的，管理人在接管债务人财产后应当协调地方政府，对是否进行工程后续建设可以聘请专业机构进行商业评估，也可以采纳重整投资人等第三方聘请的专业机构所做的商业评估，根据项目实际情况提出是否进行后续建设、如何进行后续建设的建议，由债权人会议表决通过，努力促使工程继续施工和竣工，为履行商品房预售合同创造条件，最大化实现全体债权人利益和减少社会财富的浪费，复工续建产生的工程欠款可作为共益债务随时清偿。

18.复工续建原则上应由原施工单位、监理单位等完成，确保施工环节的衔接及工程质量的保障。需要更换施工单位、监理单位的，原则上应重新进行招标投标程序。因原施工单位或者其他第三人原因，导致复工续建工作无法正常开展的，管理人应当协调有关部门及时排除妨碍。

19.复工续建资金的筹集，应当创新思路采取多渠道的资金筹集方式，除协调地方政府积极支持外，可以进行市场化融资并依托金融资产交易平台引入社会投资者，丰富破产企业市场化处置的新机制，积极探索施工单位带资续建及证券化融资模式，具体方案需经债权人会议或由债权人会议授权的债权人委员会表决通过。由管理人负责工程续建融资的具体使用，法院对融资的使用有权进行监督。

20.决定续建的工程项目，管理人提交续建方案后，应及时与自然资源、住建、规划、环保等部门进行对接，获得相关土地、规划许可；对基本完工的房地产项目，管理人应及时向自然资源、住建、规划、环保、应急管理等部门提交相应材料，尽快办妥相关手续。

六、债权申报及审核问题

21.债权人或管理人解除购房合同产生的违约金、损害赔偿金、逾期利息损失、房屋差价款、房屋装修损失等，以及债权人要求继续履行合同并交付房屋时产生的逾期交房违约金、逾期办证违约金均按普通债权认定。

22. 管理人对以购房者名义申报债权的，应当严格审查购房的意思表示、签订合同的时间、网签备案时间、购房款支付情况等问题，综合判断双方之间形成的基础法律关系。经审核为以房抵债情形，且符合《企业破产法》第三十一条、第三十二条、第三十三条之规定的，管理人在行使撤销权后按照原法律关系认定债权。经审核为设定让与担保等情形的，受案法院应当监督及指导管理人按基础法律关系的性质认定债权属性及金额。

23. 建设工程价款债权，可由承包人、转包人、分包人、实际施工人分别申报各自债权，并根据建设工程施工情况、验收情况、审理建设工程案件相关法律规定以及司法解释，对各申报主体的债权性质、债权金额作出认定。

24. 税收债权、社会保险费用债权、住房公积金债权，管理人应当通知有关征管机关向管理人申报债权，管理人依据有关征管机关的申请依法审核。有关征管机关在债权申报期内未申报的，管理人应当进行催告申报，或协调属地政府协调解决。

七、购房合同的履行与解除问题

25. 房地产企业基于购房合同的履行，将开发的房屋已交付购房者使用，但尚未办理产权证或产权过户手续的，管理人应按照商品房（预售）买卖合同约定的义务在破产程序中积极协调有关政府部门为被拆迁人、被征收安置人以及购房者办理产权证或产权过户手续。

26. 房地产企业在进入破产程序前签订的商品房（预售）买卖合同，管理人应当充分考虑房地产企业财产状况、购房者意愿、权利平衡、预期效果以及消费购房者的生存需求与投资购房者的投资需求等因素，决定是否继续履行房地产企业与购房者的商品房（预售）买卖合同，并慎重行使合同解除权，依法保护购房者的合法权益，维护社会的和谐稳定。

27. 法院受理房地产企业破产时工程已经竣工或受理后经复工续建使得工程竣工或具备交付条件的，管理人应当根据购房者的意愿决定是否继续履行房地产企业与购房者之间的商品房（预售）买卖合同。房屋具备交付条件且购房人要求继续履行合同的，管理人有权要求购房者在合理期限内缴齐购房款。购房者逾期未交或拒绝交付购房款的，管理人可以依据合同的约定行使解除权。

八、破产程序优先债权问题

28. 鉴于目前法律法规中未对优先权作出系统性的规范，优先权规定分散于不同的部门法及司法解释之中，通过整理相关法律、司法解释规定，目前房地产企业破产案件中普遍存在并享有优先权的债权在破产程序中原则上应当参照如下顺序清偿：

（1）被拆迁人和被征收安置人的债权请求权；

（2）交付了全部或大部分购房款的消费购房者的债权请求权；

（3）具有优先受偿权的建设工程价款；

（4）抵押权、质押权、留置权等担保物权、预告登记对应的债权请求权及其他可适用别除权的权利。

九、破产衍生诉讼问题

29. 受案法院应当建立破产衍生诉讼依法审理及多元化纠纷解决机制。破产衍生诉讼案件原则上应当按照基础法律关系分别由不同审判庭进行审理，避免由破产合议庭审理带来的程序风险。受案法院应当积极监督与指导管理人的债权审核认定工作，严格依法把握债权审核认定标准，督促引导债权人、债务人、管理人进行债权认定结果的复核工作，坚持非诉讼纠纷解决挺在前头的原则，避免因债权审核问题导致的大规模破产衍生诉讼案件。

30. 债务人对债权表记载的债权有异议向人民法院提起诉讼的，应将被异议债权人列为被告。债权人对债权表记载的他人债权有异议的，应将被异议债权人列为被告；债权人对债权表记载的本人债权有异议的，应将债务人列为被告。对同一笔债权存在多个异议人，其他异议人申请参加诉讼的，应当列为共同原告。

十、破产审判信息化建设问题

31. 加强房地产企业破产审判工作信息化建设，提升案件审理工作的透明度和公信力，严格按照最高人民法院规定，通过破产重整案件信息平台规范案件审理流程，做到数据实时同步、全程公开、步步留痕。充分利用数据统计及数据检索分析功能，增进破产案件审理质效。

32. 通过互联网平台加大信息公开力度，吸引潜在投资人，促进资本、技术、管理能力等要素的有效配置，帮助房地产企业重整融资。积极引导以网络拍卖方式处置破产财产，提升财产处置效益。

33. 充分利用互联网平台的信息通信技术为债权人提供最大便利，对于涉及债权人人数众多、地域分布较广的案件，可以通过最高人民法院“全国企业破产重整案件信息网”平台召开网络债权人会议，节约债权人的司法参与成本，防范和化解重大风险。

十一、指引的实施及解释问题

34. 本指引自印发之日起实施。

35. 本指引由本院审判委员会负责解释。

宁夏
关于加快推进“僵尸企业”（破产企业）土地处置工作的通知

二、扎实开展“僵尸企业”（破产企业）土地处置工作

（一）支持盘活土地资产。在有效防范国有资产流失的前提下，进一步明确、规范国有土地资产转让相关程序，提高审批效率，完善“僵尸企业”、破产企业及去产能企业土地资产处置规则，落实国家盘活“僵尸企业”（破产企业）土地资源的专项政策，充分发掘土地资产价值。“僵尸企业”、破产企业以及落后产能企业对其依法取得的国有土地，可以采

取转让、联营、入股、合作开发、兼并重组等多种方式改造开发。涉及的原划拨土地改造开发后用途仍符合《划拨用地目录》的，经所在地县级以上人民政府批准可继续以划拨方式使用；不符合划拨用地条件的，依法实行有偿使用，符合协议出让条件的，可依法采取协议方式。经自治区级以上人民政府批准兼并重组改制的国有企业，其使用的原生产经营性划拨土地，可以国家作价出资（入股）方式处置；兼并重组企业涉及的集体建设用地发生转移的，相关企业可与农村集体土地所有权主体协商，确定土地使用期限，签订土地使用合同，依法办理集体建设用地使用权转移手续。在符合规划和转让条件的前提下，允许土地使用权人分割转让土地使用权。涉及原划拨土地使用权转让的，经批准可采取协议出让方式办理用地手续。

（二）鼓励依法收回土地储备开发利用。各市、县（区）自然资源局要全面摸清退出企业涉及的土地资产情况，分类依法进行处置。退出企业涉及的国有划拨土地，可由地方政府收回，统一储备开发利用。地方政府收回原划拨土地使用权后的土地出让收入，可按规定通过预算安排支付产能退出企业职工安置费用。原国有土地使用权人有开发意愿，但没有开发能力的，可由政府依法收回统一储备开发后对土地使用权进行招拍挂出让，并给予原国有土地使用权人合理补偿；涉及国有土地上房屋征收的，应当严格按照《国有土地上房屋征收与补偿条例》规定的条件、程序、补偿标准等执行。国有破产企业以划拨方式取得的国有土地使用权不属于破产财产，在国有企业破产时，其原使用的国有划拨土地使用权，所在地市、县（区）人民政府可以予以收回并组织出让，变现资金设立专户，由破产管理人优先用于职工安置。

（三）鼓励转产发展第三产业。要将"僵尸企业"（破产企业）土地资产处置和新产业、新业态发展相结合。退出后的工业用地，在符合国土空间规划的前提下，可用于转产发展第三产业，其中转产为先进制造业、生产性及高科技服务业、创业创新平台、文化创意产业等国家支持的新产业、新业态建设项目的，经市县人民政府批准，5 年内可继续按按原用途和土地使用权类型使用土地，5 年期满或转让需办理相关用地手续的，可按新用途、新使用权类型，以协议方式办理用地手续。取得土地使用权的企业在不改变土地用途且符合规划、消防、安全生产规定的前提下，在原有建设用地上加层改造厂房、利用地下空间开展技术改造的，不再增收土地出让价款。

（四）引导土地用途兼容复合利用。经市、县（区）自然资源部门充分论证，退出后的土地转产为新产业项目用地，企业通过提高工业用地容积率、调整用地结构增加服务型制造业务设施和经营场所，生产服务、行政办公、生活服务设施建筑面积占项目总建筑面积比例不超过 15% 的，可继续按原用途使用土地，但不得分割转让。科教用地可兼容研发与中试、科技服务设施与项目及生活性服务设施，兼容设施建筑面积比例不得超过项目总建筑面积的 15%。兼容用途的土地、房产不得分割转让。出让兼容用途的土地，按主用途确定供应方式，在现有建设用地上增加兼容的，可以协议方式办理用地手续。

陕西

陕西省人民政府办公厅关于建立企业破产联动工作机制的通知

省住房城乡建设厅。指导市、县行业主管部门落实破产企业和“僵尸企业”处置中涉及房屋交易等工作。

四川

四川省高级人民法院关于印发《关于审理破产案件若干问题的解答》的通知

三、债务人财产

8. 房地产企业进入破产程序后，在房屋具备交付条件的情况下，已支付完毕全部购房价款的消费者，能否请求房地产企业履行房屋过户义务？该行为是否构成《企业破产法》第十六条规定的无效个别清偿行为？

答：可以请求房地产企业履行房屋过户义务，不构成个别清偿行为。根据《企业破产法》《企业破产法司法解释二》的规定精神，并非所有破产程序中的个别清偿行为均属于《企业破产法》第十六条规定的无效行为。认定个别清偿行为无效的关键要件之一是该清偿行为损害了其他破产债权人的合法权益。根据《中华人民共和国合同法》《最高人民法院关于建设工程价款优先受偿权问题的批复》《最高人民法院关于人民法院办理执行异议复议案件若干问题的规定》的相关规定，交付了购买商品房全部或者大部分款项的消费者对于其所购房屋的权利，具有特定性和优先性，在受偿顺序上本身就优先于建设工程价款优先受偿权和抵押权，其权利的实现并不会构成对其他破产债权人合法权益的损害，故管理人按照债务人与消费者购房户签订的商品房买卖合同的约定，履行交付房屋并办理所有权变更登记义务的行为，并非《企业破产法》第十六条规定的个别清偿行为。

江西

江西省人民政府办公厅关于印发《江西省企业破产处置府院联动机制工作方案》的通知

四、职责分工

（八）省自然资源厅。

加大对破产企业建设用地使用权及地上房屋处置的支持力度，用足用好低效用地再开发等政策，协调破产企业涉及的土地使用权和探矿权、采矿权的权属登记、变更处置等相关事项。

（九）省住房城乡建设厅。

研究、制定和落实破产处置过程中涉及有关城乡建设和房屋交易等政策措施；研究解决房地产企业破产中的相关问题。

后记

2020 年末，做了一年房地产破产案件之后，我萌生了创办一个专门围绕房地产企业破产相关法律问题研究的公众号，于是“破房子”公众号应运而生。在 2021 年整整一年的时间里，我们共发表了 30 篇原创文章，期间受到了很多业内人士的关注和破产专业公众号的转载，并被纳入威科先行破产专业板块内容之一。这一切离不开我们破产小组合伙人和律师的共同研究和努力，他们是陈鸣飞律师、王斌律师、陈鹏律师、谢润泽律师、刘海川律师、石语甜律师、金雪怡律师，实习生黄子宸帮忙整理了书稿。在此感谢大家的辛勤付出，希望来年我们能继续努力、共创佳绩！

图书在版编目（CIP）数据

房企破产相关法律问题 / 杨文珺编著 . —上海 : 上海科学技术文献出版社 , 2022

ISBN 978-7-5439-8571-1

Ⅰ . ①房… Ⅱ . ①杨… Ⅲ . ①房地产企业—破产法—研究—中国 Ⅳ . ① D922.291.924

中国版本图书馆 CIP 数据核字 (2022) 第 097742 号

责任编辑：苏密娅
封面设计：张德仁

房企破产相关法律问题
FANGQI POCHAN XIANGGUANG FALÜ WENTI
杨文珺　编著
出版发行：上海科学技术文献出版社
地　　址：上海市长乐路 746 号
邮政编码：200040
经　　销：全国新华书店
印　　刷：河北环京美印刷有限公司
开　　本：787mm×1092mm　1/32
印　　张：7.75
字　　数：203 000
版　　次：2022 年 8 月第 1 版　2022 年 8 月第 1 次印刷
书　　号：ISBN 978-7-5439-8571-1
定　　价：58.00 元
http://www.sstlp.com